워치만 니 성경 개관
제1권
(창세기－에스더)

聖經提要(1)

by Watchman Nee

Originally Published by
Taiwan Gospel Book Room in Taipei

워치만 니

성경개관

제1권
(창세기- 에스더)

한국복음서원

성경은 신약은 회복역, 구약은 개역개정을 인용하였습니다.

성경 개관의 내용

이 책은 신·구약성경 66권을 순서대로 각 권을 한 장으로 하여 성경 각 권의 명칭, 개략, 본질, 저자, 시간, 장소, 주제, 핵심 단어, 요절, 주의할 점 및 단락 분석 등에 대해 간략한 설명을 했다. 이 책을 편집한 목적은 성경을 해석하는 것에 있는 것이 아니라 처음 성경을 읽는 이들에게 약간의 도움을 주기 위한 것이다. 이 책은 단지 참고로 제공할 뿐이므로 독자들은 마땅히 스스로 성경을 연구해야 한다.

대만복음서원 편집부

차례

모세 오경

역사서

모세 오경

제1장

창세기

Ⅰ. 창세기의 중요성

1. 창세기는 전체 성경의 첫 권이며, 성경에서 가장 중요한 한 권이다. 여기에서는 하나님 자신에 대한 계시, 우주와 만물의 기원, 하나님과 사람과의 관계, 하나님의 구원의 계획, 그리스도의 예표, 하나님께서 옛 성도를 인도하심과 처리하시는 과정 등에 관하여 말하고 있다. 성경의 각종 주요한 사실, 진리, 교훈, 계시 등이 모두 마치 병아리가 아직 형성되기 전에 계란 안에 병아리의 주요 요소가 포함되어 있는 것처럼 이 책 안에 잉태되어 있다.

2. 그러므로 처음으로 성경을 읽는 사람은 반드시 하나님의 긍휼과 빛 비추심 안에서, 진리를 계속 추구하는 기초로서 이 책을 잘 읽어야 한다. 만약 창세기를 잘 알지 못하면 틀림없이 성경의 다른 부분도 잘 이해할 수 없을 것이다.

Ⅱ. 창세기는 사탄이 싫어하는 책이다

1. 성경 안에서 두 권의 책—창세기와 요한계시록—은 사탄이 특별히 싫어하는 책이다. 유사 이래로 사탄은 온갖 방법으로 이 책들을 신뢰하지 못하게 하고 그것을 신화가 아니면 미신의 기록쯤으로 끌어내리려고 기도(企圖)해 왔다.

2. 사탄이 그렇게까지 한 것은 창세기는 그에 대한 하나님의 심판을 말하고 있고(3:14-15), 요한계시록은 그에 대한 하나님의 심판의 집행을 말하고 있기 때문이다(계 20:2, 3, 10).

Ⅲ. 저자

1. 본서의 저자는 모세이다. 성경을 시작하는 5권의 책은 모두 그가 쓴 것이다. 그러므로 창세기, 출애굽기, 레위기, 민수기, 신명기는 '모세 오경' 이라고 불린다.

2. 어떤 비평가들은, 모세가 어떻게 2천 년 전의 역사를 쓸 수 있는가? 그것은 결국 그가 고대의 유물과 돌비에 새겨진 기록 및 사람들 사이에 전해진 이야기에 따라 쓴 것이고, 따라서 모세오경의 내용은 결코 정확한 것이라고 할 수 없다고 말한다. 물론 우리 믿는 이는 이러한 비평의 원인과 속셈을 알고 있다. 이것에 대하여 우리는 여기서 반박하기를 원하지 않는다.

3. 우리는 모든 성경은 하나님께서 숨을 내쉬신 것으로 된 것임을 믿는다(딤후 3:16상). 모세가 오경을 쓴 것은 그가 시내 산과 광야에서 하나님으로부

터 받은 계시와 알려 주심에 근거한 것이다(행 7:37-38).

4. 신약성경에서 성령은 주님의 종들을 통해 이 책의 말씀을 60여 번 인용했고, 우리 주님도 여러 번 이 책의 말씀을 인용했다(마 19:4-6, 24:37-39, 눅 11:51, 요 8:44, 56 등). 이로 보건대 이 책은 사람의 공상이나 전해진 이야기로 쓴 것이 아니라 절대적으로 정확한 계시라는 것을 볼 수 있다.

Ⅳ. 시간

이 책의 내용이 포함하고 있는 시간은 약 2315년으로 주전 4004년부터 주전 1689년까지이다.

Ⅴ. 주의할 곳

이 책에는 처음 성경을 읽는 사람들이 주의해야 할 곳이 여러 군데 있다.

1. 창조 가운데 열 번의 '각기 종류대로' 라는 말씀이 있는데 이것은 모든 생물이 진화된 것이 아니라 창조되었음을 분명히 보여 주는 것이다.

2. 하나님은 그분의 이름을 통하여 우리가 많은 귀중한 빛을 얻을 수 있도록 자신을 사람들에게 여러 방면으로 계시하셨다. 예를 들면 다음과 같다.
   (1) 하나님(Elohim)(창 1:1) : '맹세하고 자신을 속박하는 전능자' 라는 뜻이다. 이것은 그분께서 신실하고 전능하신 분이심을 계시한다.

하나님(Elohim)은 성경에서 특별한 단어이다. 그것은 본래 복수이나 단수로도 사용된다. 1장 26, 27절에서 "하나님이 가라사대 우리의 형상을 따라 우리의 모양대로 우리가 사람을 만들고 그로 바다의 고기와 공중의 새와 육축과 온 땅과 땅에 기는 모든 것을 다스리게 하자 하시고 하나님께서 자기 형상, 곧 하나님의 형상대로 사람을 창조하시되 남자와 여자를 창조하시고"라고 말한다. 하나님은 복수이며 단수이다. 이것은 또한 그분께서 삼일 하나님이심을 계시한다.

(2) 여호와(Jehovah)(2:4) : '나는 스스로 존재하는 자' 라는 뜻으로, 바로 출애굽기 3장 14절에서 말씀하신 "나는 스스로 존재하고 영원히 있는 자니라"와 같다. 전능하신 분은 천지 만물과 사람을 창조하신 후에, 그분은 이전에도 계셨고 지금도 계시고 이후에도 영원히 계시는 하나님이라고 계시하셨다. 이것은 그분의 사람에 대한 사랑과 은혜가 영원하다는 것을 말한다.

(3) 주(Adonai)(18:27) : 여기의 '주' 는 주인 혹은 남편이라는 호칭으로 쓰였다. 하나님은 이 단어에서 그분께서 우리의 주인이시며 남편이시라는 진일보된 관계를 사람과 맺고 있음을 우리에게 계시하신다. 오늘 그리스도께서 우리에 대하여 주인이시요 남편이신 것은, 우리가 그리스도와 약혼하였고(고후 11:2), 교회는 어린양의 신부이기 때문이다(계 21:9-10).

위의 세 가지가 하나님의 이름의 단일어이다. 또한 하나님의 이름의 복합적인 단어가 이 책에는 적지 않다. 예로 '여호와 이레' (22:14), '지극히 높으신 하나님' (14:20), '전능한 하나님' (17:1), '영생하시는 하나님' (21:33) 등은 모두 우리가 주의하고 발굴할 가치가 있는 것이다.

3. 이 책 가운데 비록 한 번도 직접적으로 우리의 주님을 언급하고 있지는 않

으나 그 안에는 우리가 주의해야 할 그리스도의 예표가 충만하다. 예를 들어 보면, 아담과 하와는(2:23) '마지막 아담—그리스도'와 그분의 배필인 교회를 예표하고, 가죽옷(3:21)과 양의 첫 새끼(4:4), 수양(22:13)등은 모두 주님께서 우리를 위하여 대신 희생물이 되셨음을 예표한다. 방주(6:14)는 그리스도께서 그분의 백성의 피난처가 되심을 예표하고, 큰 빛(1:16)은 주님께서 의로운 해이심을 예표하며, 하늘에 속한 사다리(28:12)는 그리스도께서 하나님과 사람 사이의 교통하는 길임을 예표한다. 이삭은 죽기까지 순종하신 그리스도를 예표하고, 멜기세덱은 왕이시며 대제사장이신 그리스도를 예표한다. 요셉은 주님께서 아버지께 사랑받으셨으나 형제들에게 미움을 받아 버림받고 팔리셨으며, 높이 올려지시고, 형제들의 축복과 구원이 되시고, 이방의 신부를 취하시는 것 등을 예표한다.

4. 이 책에는 에녹, 노아, 요셉 등 몇몇 성도의 전기들이 있다. 처음 성경을 읽는 사람은 하나님께서 어떻게 옛 성도를 인도하셨고 처리하셨으며, 그들이 또한 하나님께 어떻게 순종하고 거스렸으며 그 결과는 어떠했는지를 반드시 주의해야 한다. 성령께서 그들의 전기를 성경 안에 기록한 목적이 무엇인지를 살펴본 후 그 내용을 자신에게 적용시켜 보아야 한다. 특별히 아브라함, 이삭, 야곱의 전기를 주의해서 읽어보고 '아브라함 이삭 야곱의 하나님'이라는 책을 참고할 수 있다.

5. 이 책의 문체는 산문이지 시어체가 아니다. 이것은 매우 중요하다. 시어체는 자주 상상, 전기, 우화를 포함하지만 이 책은 역사적인 문치로 되어 있고 역사와 사실을 기록하였다.

Ⅵ. 핵심 단어

이 책의 핵심 단어는 1장 1절의 '태초'이다. 이 책 명칭의 원문의 뜻도 바로 '태초' 혹은 '원시'이다. 이는 이 책에서 천지의 시작, 만물의 시작, 사람의 시작, 죄, 살인, 가정, 음악, 기구 등의 시작을 말하고, 특별히 하나님의 백성 이스라엘 집의 시작과 구원이 이스라엘 집에서 나옴(요 4:22)을 말하기 때문이다.

Ⅶ. 메시지

1. 이 책의 메시지는 인류가 여러 시기와 여러 환경 가운데 전부 실패한 것을 말한다. 인류는 에덴동산에서와 홍수 이전과 이후 모두 실패했다. 그러나 모두 하나님의 구원을 얻었다.

2. 그러므로 사람은 마땅히 실패를 통해 자신의 부패와 약함을 알게 된 후에야 비로소 자신의 자유의지를 사용하여 하나님을 선택할 수 있다.

Ⅷ. 분석

이 책은 크게 여섯 단락—창조, 타락과 구속, 최초의 가정과 도시, 홍수, 여러 민족과 여러 국가, 열조들의 전기로 나누어진다. 첫 단락에서 다섯째 단락까지는 약 2000년의 시간이, 여섯째 단락에서는 약 300년의 시간이 경과되었다.

1. 창조(1-2장)

(1) 1장 1절 : 이는 최초의 창조로서 그 시기는 '태초', 곧 매우 오랜 시간

이전이다. 즉 지구상에 동식물은 있었으나 사람이 없었고, 단지 천사가 그것들을 관리하던 시기이다. 이때는 역사 이전의 세계이다. 최근 지층에서 발굴해 낸 화석 표본이 모두 이 시기의 생물이다.

⑵ 2절 : 이후에 천사장이 배반하고 타락하여 마귀가 되었다(참고 사 14:1-15, 겔 28:12-19). 그러므로 하나님은 일찍이 그가 관리하던 땅 — 지구를 파괴하셨다(참고 4:23-26, 사 24:1). 따라서 땅이 혼돈하고 공허하며 흑암이 깊음 위에 있게 되었다. 하나님의 창조의 계획과 사탄의 배반에 관하여는 '영광스러운 교회' 라는 책을 읽어 보기 바란다.

⑶ 3절 : 이것은 태초의 창조 이후의 두 번째 창조이다. 사람과 생물 외에 대부분이 무에서 유의 창조가 아니라 원래 있던 것을 보수하셨거나 보수하신 것을 드러낸 재창조이다.

3절의 빛은 꼭 해와 달과 별 등의 광채에서 나온 것이 아니다. 빛의 근원은 많다. 전기도 빛이 있게 할 수 있고, 인과 라듐도 빛이 있게 할 수 있다. 하나님께서 빛이 있으라 하시니 빛이 있게 되었다. 하나님은 빛이 있는 시간을 낮이라고 칭하셨고, 어둠이 있는 시간을 밤이라고 칭하셨다. 낮의 시작은 아침이고 밤의 시작은 저녁이다. 여기에서 낮과 밤, 아침과 저녁이 결코 해로 말미암아 구분되는 것은 아니다.

⑷ 9절 : '뭍이 드러나다' . 이전에 일찍이 육지가 있었는데 파괴되어 물에 잠기게 되었음을 알 수 있다. '뭍' 은 오늘의 육지이다.

⑸ 14절 : 하나님께서 제 4일에 또한 광채를 보수하신 것은 낮과 밤, 계절, 날짜, 연대를 고정적으로 나누기 위한 것이다.

⑹ 1:26-2장 : 여기에서는 사람의 창조에 대해서 말하고 있다. 사람은 하나님의 형상대로 지어졌고, 지구와 그 가운데 생물을 관리하

기 때문에 사람의 창조는 특별히 상세하게 언급되어 있다.

사람에게 영, 혼, 몸의 세 부분이 있다는 것(살전 5:23)도 일찍이 여기에서 설명되었다. 2장 7절은 사람의 몸이 흙으로 지어졌고, 영은 하나님께서 생명의 호흡을 불어넣으심으로써 된 것이며, 영이 사람 안에 들어가자 사람은 산 혼이 되었다고 말한다(2:7 원문 직역).

하와—아담의 뼈 중의 뼈, 살 중의 살—는 교회가 그리스도의 배필임을 예표한다(참고 고후 11:2, 엡 5:25-32).

2. 타락과 구속(3장)

(1) 하와는 뱀(사탄의 도구)의 유혹을 받았다. 왜냐하면 그녀는 하나님의 말씀을 의심했고(1절), 하나님의 말씀에 자기의 생각을 더했고(3절), 쉽게 사탄의 거짓말을 믿었고(4절, 요 8:44), 육체의 욕망과 눈의 욕망과 생활의 허세가 있었기 때문이다(6절).

(2) 아담이 실패한 것은 그가 하나님께서 안배하신 지위에 서 있지 못했고, 또한 하나님의 명령을 지키지 못했기 때문이다.

(3) 하나님께서 사람을 찾으셨지 사람이 하나님을 찾은 것이 아니다(8-9절).

(4) 사람은 죄에 대해서 가리거나 혹은 변명한다(8, 12, 13절).

(5) 하나님의 심판(14-19절), 여자의 후손에 주의하라. 유사 이래로 사람은 모두 남자의 후손이었고, 오직 그리스도만이 여자의 후손이셨다.

(6) 하나님의 구속은 가죽으로 옷을 만들어 그들을 가리어 주는 것이다. 가죽이 뜻하는 바는 반드시 어떤 희생물이 그들을 위해서 피를 흘리고 목숨을 버려야 한다는 것이다.

3. 처음 가정과 도시(4장—6:8)

(1) 첫 번째 가정생활의 시작 : 믿음 때문에 피를 흘림(4:1-8).

(2) 첫 번째 도시 생활의 시작은 한 살인자에 의해 형성된 것이다(4:16-17).

(3) 아담의 한 줄기 중요한 후손(4:25-5:32).

(4) 하나님의 아들들(6:2, 욥 1:6)은 그 본래의 위치를 지키지 않는 천사들이다(유 6, 7절).

4. 홍수(6:9-9장)

(1) 하나님의 죄에 대한 태도—심판(6:5-13).

(2) 심판 가운데 긍휼—방주(6:14-22).

(3) 노아가 방주로 들어가고 홍수가 임함(7장).

(4) 노아가 방주에서 나옴(8:1-19).

(5) 하나님께서 노아와 언약을 세우심(8:20-9:17).

(6) 노아의 실패(9:20-29).

5. 여러 민족과 여러 왕국(10—11장)

(1) 셈과 함과 야벳의 후손(10장).

(2) 인류가 연합하여 함께 일어나서 하나님을 대적함(11:1-9).

(3) 셈의 아들 아르박삿의 후손들을 통해 열조의 전기(傳記)가 나타나게 됨(11:1-30).

6. 열조의 전기(12-50장)

(1) 아브라함의 전기(12:1—25:11).

1) 부름받음.

2) 실패(이집트로 내려가고 하갈을 취하고 거듭하여 거짓말을 함).

3) 롯에 대한 태도.

4) 믿음으로 의롭게 됨.

5) 이삭을 드림 등을 주의하라. 또한 롯과 그의 아내에게서 공과를 배울 수 있다(13-14장, 19장).

(2) 이삭의 전기(21—22장, 24—27장).

1) 일생 동안 아버지의 유업을 누림.

2) 죽기까지 순종함 등을 주의하라.

(3) 야곱의 전기(25장부터).

1) 에서가 맏아들의 자격을 잃어버린 것에 대한 교훈.

2) 야곱의 타고난 본성—붙잡음과 속임(야곱의 이름의 뜻이 붙잡음과 속임이다.).

3) 그의 몇 번의 기도의 특징.

4) 하나님께서 브니엘에서 그를 다루심.

5) 그 이후부터의 그의 영에 속한 생활.

(4) 요셉의 전기(37장부터).

1) 요셉이 어떻게 그리스도를 예표하는가?

2) 하나님께서 어떻게 그를 예비하시고 시험하셨는가?

3) 그가 어떻게 전에 자기에게 행한 악을 생각하지 않고 형제들과 화합하고, 그들의 축복이 되었는가? 등을 주의하라.

제2장

출애굽기

Ⅰ. 이 책은 창세기의 연속이다.

1. 이 책은 성경의 두 번째 책이며 창세기의 연속이다. 창세기에서 사람이 각종 시기와 각종 상황 가운데서 모두 실패했지만 모두 하나님의 구원을 얻었음을 말하고 있다. 하나님의 구원은 바로 구속하심이다. 출애굽기에서는 하나님의 구속을 가장 상세하고 가장 구체적으로 설명한다.

2. 이 책의 이름의 뜻은 '걸어 나옴' 이다. 사람이 각종 상황에서 모두 실패하였고 그 결과 모두 죄 가운데 빠져 노예가 되었다. 하나님의 구속은 사람이 죄의 묶임에서 걸어 나오도록 하는 것이다.

3. 이 책의 내용에 포함된 시간은 약 216년, 주전 1706년부터 주전 1490년까지이다.

Ⅱ. 저자

1. 이 책의 저자는 모세로서 제1과의 내용에서 이미 언급되었다. 이 책의

17장 14절과 34장 27절은 이 책이 하나님께서 모세에게 쓰도록 명하신 것임을 증명한다.

2. 이집트의 역사는 람세스 Ⅱ세(모세 시대의 바로)가 건축을 좋아하는 왕이었음을 말해 준다(참고 1:11). 그와 그의 딸(즉 모세의 양모)의 미이라도 이미 발굴되었다(일설에 따르면 이 바로가 Tuthmosis Ⅱ세라고 한다). 또한 이 책에 기록된 이스라엘 사람들이 걸어간 노선—수르, 엘림, 시내 산 등—의 모든 표기된 지형은 지리상으로 고증할 수 있다. 이러한 사실들은 이 책의 기록이 정확한 역사임을 증명하고 있다.

Ⅲ. 메시지

1. 이 책의 메시지는 분명히 구속이다. 따라서 성경 해석가들도 이 책을 '구속의 책' 이라고 여러 번 칭하고 있다. 왜냐하면 이 책 안에는 하나님의 구속의 계획의 그림과 모형이 들어 있기 때문이다.

2. 처음 성경을 읽는 이는 마땅히 먼저 구속의 특징을 인식해야 한다. 구속은 반드시 (1) 하나님에게서 나온 것이고(3:9), (2) 하나의 그릇인 모세를 통한 것이며(3:10), (3) 피를 통하여(12:13), (4) 능력을 통하여(6:6, 13:14) 이루어진다.

3. 중심 메시지인 구속 외에도 이 책 안에서는 또한 율법, 회막, 제사장을 말하고 있다. 왜냐하면 하나님의 백성이 구속을 받은 이후 구속자의 뜻을 알고, 준행하고, 그분과 교통하고, 그분께 경배하고, 또한 그분을 섬겨야 하기 때문이다.

Ⅳ. 주의할 곳

1. 이 책 중에 기록된 각종 예표는 창세기보다 많다. 더욱이 이 책의 데시지가 구속이고 또 그리스도께서 하나님의 구속이시기 때문에 그리스도에 관한 예표가 많다. 예를 들면 다음과 같다.
   ⑴ 모세는 하나님께서 특별히 선택하신 그릇으로서, 이스라엘 사람에 의해 버림받고, 이방으로 전락하여 이방 신부를 얻고 다시 이스라엘 사람의 구원자가 되실 그리스도를 예표한다.
   ⑵ 아론은 하나님에 의해 세워지고, 백성의 속죄를 위한 우리의 대제사장이신 그리스도를 예표한다.
   ⑶ 유월절의 어린양은 그리스도께서 우리의 속죄 제물로서 죽음 당하여 피를 흘리심을 예표한다.
   ⑷ 만나는 우리 생명의 양식이신 그리스도를 예표한다.
   ⑸ 반석은 그리스도께서 깨뜨려지셔서 우리가 값없이 풍성하게 공급을 얻을 수 있도록 하는 것을 예표한다.
   기타 언약궤와 그것의 재료, 진설병의 상, 금등잔대, 분향단, 심지어 어떤 색깔, 어떤 재료, 어떤 금속 등 모두가 그리스도를 예표하고 있다. 이러한 것들은 우리가 발굴해야 한다.
   그리스도의 예표 외에도 기타 다른 예표들이 있다. 예를 들면 이집트는 세상을 예표하고, 바로는 사탄을 예표하고, 올리브 기름과 거룩한 관유는 성령을 예표한다. 만약 성경을 처음 읽는 사람이 시간을 내어 전적인 연구를 할 수 있다면 지식과 생명에 있어서 매우 유익을 얻을 수 있을 것이다. 다만 예표를 함부로 말해서는 안되고 그것은 반드시 다음과 같아야 한다. 1) 예표된 사람이나 사물과 일치되는 곳이 있어야 한다. 2) 또한 반드시 신약성경에 근거해야 한다. 예를 들면 이스라엘 백성이 거친 모든 것의 예표는 고린도전서 10장 1절부터 11절까지에 근거한 것이고, 회막과 제사장의 예표는 히브리서 9장에 근거한 것이다.

2. 이 책의 전기가 비록 창세기보다는 적지만 모세의 전기만큼은 우리가 자세하게 읽어야 할 가치가 있다. 그의 수명은 120세였다. 첫 번째 40년 동안에 그는 오로지 '내가 할 수 있다' 만을 알았고, 두 번째 40년 동안에 비로소 '나는 할 수 없다' 를 알았고, 세 번째 40년 동안에 그는 '하나님께서 하실 수 있다' 를 인식하게 되었다. 히브리서 11장 23절부터 29절까지와 8장 5절은 그의 전기 가운데 가장 귀한 부분이다.
대제사장 아론은 모세의 동역자였으며 그의 전기도 한 번 읽어 볼만하다.

3. 이스라엘 사람들의 '걸어 나옴' 의 체험은 모두 오늘날 그리스도인의 영적인 노정을 예표한다(고전 10:1-11). 이 책을 읽을 때 그들의 체험을 우리의 과거에 적용해 보자. 어떻게 어린양으로 말미암아 하나님에 의한 심판이 넘어가고 이집트를 나오며 유월절이 우리의 영적인 날의 시작이 되는가? 어떻게 홍해를 건넜고, 때로는 마라를 통과하였고, 때로는 엘림을 통과하였는가? 어떻게 아말렉 사람과 전쟁을 하였고, 어떻게 구름기둥과 불기둥으로 인도를 받았는지 등, 출애굽기는 실로 우리의 천로역정(天路歷程)인 것이다.

4. 바로의 세 번의 제안을 주의해야 한다. (1) "너무 멀리 가지는 말라"(8:28). (2) 모세가 이르되 "우리가 여호와 앞에 절기를 지킬 것인즉 우리가 남녀 노소와 양과 소를 데리고 가겠나이다"(10:9) "그렇게 하지 말고 너희 장정만 가서 여호와를 섬기라 …"(10:11). (3) "너희는 가서 여호와를 섬기되 너

희의 양과 소는 머물러 두고 너희 어린 것들은 너희와 함께 갈지니라"(10:24). 모세의 대답에 주의하라. 그 가운데 귀한 공과를 배우라.

Ⅴ. 핵심 단어, 핵심 구절

1. 이 책의 핵심 단어는 '구속–구하여 내겠다.'(6:6) 와 '지나가셔서'(12:27)이다.

2. 이 책의 핵심 구절은,
   (1) "내가 내려가서 그들을 애굽인의 손에서 건져내그 그들을 그 땅에서 인도하여 아름답고 광대한 땅, 젖과 꿀이 흐르는 땅 … 데려가려 하노라"(3:8).
   (2) "여호와께서 … 문 인방과 좌우 문설주의 피를 보시면 여호와께서 그 문을 넘으시고 멸하는 자에게 너희 집에 들어가서 너희를 치지 못하게 하실 것임이니라"(12:23).

Ⅵ. 분석

이 책은 크게 4단락으로 나누어진다. 즉 노예 됨, 구속, 교육, 율법을 전파함이다. 제1단락부터 제3단락까지는 사실을 기록한 부분이고 제4단락은 법을 세운 부분이다.

1. 노예 됨(1장)
   (1) 하나님은 그분의 백성을 이집트 땅에서 축복하시어 그들이 자녀를 많이 낳고 번성하게 하셨다(7절). 이집트로 내려갈 때 이스라엘

집은 단지 70인뿐이었으나, 이집트를 나와 2년이 지난 후 그들 가운데 20세 이상의 싸움에 나갈만한 이는 모두 603,550명이었는데, 노약자, 부녀자, 레위인은 거기에 포함되지 않았다(민 1:44-47).

(2) 바로 왕은 그들을 학대하여 그들에게 힘든 일을 시켰고(11-14절), 그들의 사내아이를 없애 버리려고 했다(15-22절).

2. 구속(2장-15장 21절)

(1) 구속의 그릇(2장부터)

1) 모세의 탄생

2) '물에서 건져냄' ('모세' 란 이름의 뜻)

3) 형제들에게 거절당함

4) 밖으로 나가서 이방 신부를 얻음

5) 부름받음

6) 이집트로 다시 돌아옴

(2) 구속은 하나님에게서 나옴

1) 하나님은 그분의 그릇을 예비하셨다. 모세를 위해서 바로의 딸과 그를 대적하는 형제와 미디안의 광야, 그리고 가시떨기나무의 이상을 안배하셨다.

2) 하나님은 그분께서 아브라함, 이삭, 야곱에게 하신 약속을 기억하셨고, 또한 이스라엘 백성의 고통을 보고 들으셨기 때문에 그들을 구속하시기로 결심하신 것이다(3:5-12).

(3) 구속은 큰 능력을 통하여

1) 두 가지 기사 : 지팡이가 뱀이 되고, 손에 나병이 발생함

2) 열 번의 재앙

3) 홍해를 건넘

(4) 구속은 어린양의 보혈을 통하여

1) 어린양은 반드시 흠이 없는 것이어야 함

2) 반드시 4일간의 시험을 거쳐야 함

3) 반드시 죽음을 당하고

4) 짓밟히지 않기 위하여 피를 문지방이 아니라 반드시 문 인방과 좌우 문설주에 발라야 함.

5) 피를 의지하지 않는 다른 구속은 없다

하나님의 큰 능력은 우리를 사탄의 권세에서 벗어나게 하고 어린양의 보혈은 우리를 하나님의 진노에서 벗어나게 한다는 것을 주의하라.

3. 교육(15장 22절-18장)

(1) 이스라엘 백성이 홍해를 건넌 후에 광야에서 하나님은 일련의 사건들을 통해서 계획성 있는 교육을 하시어 그들이 절대적으로 하나님을 의지하고 앙망하도록 했다.

(2) 마라는 영적 노정 가운데 있는 시험과 고난이다. 우리가 이긴 후에 엘림의 축복과 달콤함을 갖게 된다.

(3) 이스라엘 백성은 먹고 마시는 것 때문에 하나님께 득죄하였다. 우리는 얼마나 쉽게 먹는 것과 입는 것으로 하나님을 버리게 되는가, 만약 우리가 되돌아가서 그분을 의지하면 그분의 공급은 또한 얼마나 풍성하고 만족함이 있는가!

(4) 아말렉 사람은 에서의 자손이었고(창 36:12) 대대로 내려오는 이스라엘 백성의 원수로서 믿는 이의 철천지원수인 육체를 예표한다. 영적인 전쟁에서 우리가 승리하는 것은 우리의 용기와 재능을 의지하는 것이 아니라 우리의 대언자를 의지하는 것이다.

(5) 이드로(18장)는 육체의 도움과 방법을 대표한다. 그의 안배

(18:13-27)와 하나님의 안배(민 11:16-25)를 비교해 보라. 우리는 얼마나 쉽게 다른 사람에게 육체적 도움과 방법이 되고, 또한 얼마나 쉽게 다른 사람의 육체적 도움과 방법을 받아들이는가?

4. 율법을 전파함(19-40장)

(1) 이집트를 나와서 홍해를 건너고 하나님의 큰 능력의 구원을 보았던 이스라엘 백성은 마땅히 은혜를 선택해야 했다. 그러나 그들은 율법을 선택했고 그것을 지킬 수 있다고 여겼다(19:3-8). 사람은 항상 자신이 책임을 지고, 자신이 의롭고, 행할 수 있고, 지킬 수 있다고 생각하지만, 사실은 아직 율법이 전달되기도 전에 이스라엘 사람들은 시내 산 아래서 큰 죄를 범했다(32장). 그러므로 하나님은 부득이 율법을 그들에게 전하신 것이다. 그러나 하나님의 태도는 즉시 천둥, 번개, 지진, 연기(19:16-19)로 변하여 이스라엘 사람에 대한 공의의 위엄을 나타내셨다.

(2) "율법이 들어온 것은"(롬 5:20) 결국 하나님은 율법을 전하셨고 율법을 주신 그분의 주요한 뜻은 사람에게 다음의 사항들을 인식시키려는데 있었다.

1) 하나님의 공의

2) 사람은 부패하여 율법을 지킬 수 없으므로

3) 반드시 은혜의 길로 돌아와서 구주를 영접해야 함(갈 3:24).

(3) 율법은 두 종류로 나누어진다. 한 종류는 하나님에 대한 것이고 다른 한 종류는 사람에 대한 것이다. 십계명(20장)은 원칙이고, 이후에 전한 율법은 세칙(細則)이다. 십계명 중에서 앞의 4계명은 하나님에 대한 것이고, 뒤의 6계명은 사람에 대한 것이다. 21장부터 23장 9절까지는 사람에 대한 법규이고, 23장 10절부터 40장까지는 하나님에 대한

규례이다.

(4) 하나님에 대한 율법은 대체로 세 종류로 나누어진다.

1) 절기를 지키는 것에 관하여 : 절기를 지키는 법규는 이 책 가운데 간략하게 약간 언급하고 있다. 일례로 안식년과 안식일을 지키는 것, 무교절, 맥추절, 수장절 등을 지키는 것이다(23:10-12, 14-17).

2) 회막에 관하여 : 회막을 건축하는 재료는 금과 은과 동과 청색 실과 자색 실과 홍색 실과 가는 삼베실과 염소 털과 붉게 물들인 숫양 가죽과 돌고래 가죽과 조각목과 등잔용 기름과 향품 등이다. 각 종류마다 모두 그것의 예표적 의미가 있다. 회막은 뜰과 성소와 지성소의 세 부분으로 구성되어 있다. 뜰 안에는 놋 제단과 그 놋으로 만든 부속물, 놋 물두멍이 있다. 성소 안에는 순금으로 싼 임재의 떡(진설병)상과 그것의 부속물, 금등잔대, 금향단이 있다. 지성소 안에는 언약궤와 속죄소가 있다.

모세는 회막을 건축하는데 있어서 절대적으로 자기의 뜻을 따라 하지 않고 완전히 하나님께서 시내 산에서 그에게 지시하신 모양대로 한 것이다. 앙장, 널판, 휘장, 받침, 갈고리, 촉 … 등 크든지 작든지 한 가지라도 함부로 만들 수 없는 것이었다. 하나의 치수, 하나의 모양, 한 선 그리고 한 색상이라도 모두 자신이 책임지고 결정할 수 없었고, 다 하나님께서 지시하신 대로 해야 했다. 그러므로 성경에서는 모세를 칭하기를 “일꾼으로서 하나님의 온 집에서 신실하였습니다.”(히 3:5)라고 하였다. 구약의 회막은 신약의 교회를 예표하는 것이므로 교회를 건축하는 데 반드시 ‘산 위의 모양’ 의 원칙에 주의해야 하며 독창적이어서는 안 된다.

3) 제사장에 관하여 : 대제사장 아론은 우리의 대제사장이신 주 예수님을 예표한다. 그분은 멜기세덱의 반차에 따라서 제사장이 되셨고 또한 아론의 모양대로 제사장의 일을 행하신다.

대제사장의 의복은 관, 반포 속옷, 에봇 받침 겉옷, 에봇, 흉패, 정교하게 짠 띠로 에봇에 연결되어 있는 견대 등이 포함된다(29:5).

① 관은 가는 삼베실로 짠 것이고 관 위에는 '여호와께 성결(거룩)' 이라는 금패가 매어져 있어서 이스라엘 자손이 그분 앞에서 열납되도록 하였다(28:36-39).

② 반포 속옷은 여러 가지 색으로 된 가는 삼베실로 짠 것이다 (28:39).

③ 에봇 받침 겉옷은 가는 삼베실로 짠 긴 겉옷이다. 그것의 청색은 하늘에 속한 본질을 표시한다. 그 옷의 가장자리에는 청색, 자색, 홍색실로 석류를 수놓고 간격을 두고 금방울을 달았다. 자색은 왕권을 표시하고, 홍색은 피를 흘려 대신 죽은 죽음을 표시하고, 석류는 많은 열매를 맺는 생명을, 금방울은 간증의 소리를 표시한다(28:31-35).

④ 에봇은 겉옷 위에 덮여 있는 조끼 같은 것이며 금색, 청색, 자색, 홍색실과 가늘게 꼰 삼베실로 공교히 짠 것이다. 금색은 하나님의 본질을 대표한다. 그 양쪽 끝에는 보석이 달린 견대가 있고 보석 위에는 12지파의 이름이 새겨져 있는데, 우리의 대제사장께서 하나님 앞에서 우리를 담당하시는 직임을 나타낸다(28:6-14).

⑤ 판결 흉패는 금색, 청색, 자색, 홍색실과 가늘게 꼰 삼베실로 공교히 짠 것이며, 네모반듯하며 우림과 둠밈이 그 안에 넣어져 있고 흉패 밖에는 12보석이 끼워져 있는데 각 보석마다 한 지파의 이름이 새겨져 있다. 이것은 하나님의 백성이 늘 대제사장의 마

음 가운데 있음을 말한다. 흉패와 우림과 둠밈 모두는 하나님의 백성의 일을 판결하기 위한 것이었다.

⑥ 별도로 대제사장의 바지는 가는 삼베실로 만든 것이다.

제3장
레위기

I. 책명

1. '레위기'는 이 책의 원래의 이름이 아니라 70인역의 역자가 원문을 헬라어로 번역할 때 붙인 이름으로, 그 뜻은 이 책의 내용이 대부분 레위인의 일에 관한 것임을 말한다. 그러나 사실은 그렇지 않다. 레위인은 이 책의 중심이 아닐 뿐 아니라 레위인의 일을 언급한 곳은 이 책에 단지 한 군데뿐이다(25:32-33).

2. 이 책의 히브리어 명칭은 와이크라(Vayich-rah)로 그 뜻은 '또 한 번 하나님의 부르심'(참고 1:1)이다. 창세기는 사람의 부패와 타락, 죄 중에 빠짐을 말하는데 출애굽기는 그분의 백성을 죄의 묶는 사슬로부터 '걸어 나오게 하는' 하나님의 구속을 말한다. 그러나 하나님의 일은 결코 거기에서 멈추지 않으시고 더 나아가 '또 한 번 하나님의 부르심'이 있다.

Ⅱ. 저자

이 책의 저자는 모세이다. 전체의 내용이 모두 모세에 대한 여호와의 '명시하심' 혹은 '분부하심' 이다.

Ⅲ. 시간과 장소

1. 이 책에 기록된 법규와 명령은 하나님께서 1개월 반에 걸쳐 모세에게 분부하신 것으로 그 기간은 대략 이스라엘인의 정월 1일, 곧 회막이 건축될 때(출 40:2, 17, 레 1:1)부터 2월 20일, 즉 그들이 시내 광야를 떠날 때까지(민 10:11-12)이다. 어떤 형제는 "이 책에서 주의할 점은 바로 그것이 단지 1개월 반의 역사를 포함하고 있을 뿐이라는 것이다."라고 말했다.

2. 장소는 시내 광야인데 이스라엘 백성이 그곳에서 머물렀고 조금도 이동하지 않았다. 출애굽기의 결말에 의하면, 그들은 르비딤에서 시내 광야에 이르렀으나 현재 그들은 여전히 거기에 있다. 그러므로 이 책은 출애굽기의 연속이자 또한 그것의 보충이다. 출애굽기에서 하나님은 시내 산 위에서 말씀하셨지만 현재 하나님은 회막 가운데 말씀하시고, 사람 가운데 거하시며 사람과 더욱 가까우시다.

Ⅳ. 메시지

1. 하나님은 단지 하나님의 백성들을 구속하실 뿐 아니라 그분 자신을 가까이 하도록 그들을 '또 한 번 부르신다.'

2. 하나님께서 거룩하시기 때문에 그분을 가까이 하는 사람도 반드시 거룩해야 한다(11:44, 45, 히 12:14). 그러나 사람은 죄가 있고 깨끗하지 않은데 어떻게 하나님과 가까이할 수 있는가? 하나님은 이 책에서 그 문제를 다음과 같이 해결하신다. 구속받은 사람은 반드시 제사를 드림과 희생의 피를 통하여, 제사장이 대신 속죄함으로 거룩한 사람이 된다. 이렇게 해서 비로소 하나님을 가까이 할 수 있고 하나님을 경배할 수 있다.

V. 주의할 곳

1. 이 책의 시작은 "여호와께서 … 말씀하셨다." 이다. 이것은 이 책이 얼마나 장엄하고, 장중하고, 또한 중요한지를 말하고 있는 것이다. 성경에서 이 책만큼 하나님으로부터 직접 나온 많은 메시지를 가진 책이 없다. 여호와께서 '말씀하셨다.', '명시하셨다.', '분부하셨다.' 등의 유사한 단어가 약 66번이나 사용되었고, '나는 여호와이니라'가 약 43차례 사용되었다.

2. 하나님은 이 책 가운데 하나의 가장 기본적인 요구로 "너희는 거룩하라. 이는 나 여호와 너희 하나님이 거룩함이니라."(19:2)라고 말씀하신다. 이 책 중에 '거룩함(성결)' '거룩하게 됨', '거룩하지 분별됨' 등과 같은 말의 어원은 '분별하여 나오다'이다. 하나님은 그분의 백성들에게 그분께로 분별되어 돌아오기를 요구하신다.

3. 나답과 아비후가 제각기 자기의 향로를 가져다가 여호와께서 명령하시지 아니하신 다른 불을 담아 여호와 앞에 분향한 일(10:1-2)은 우리

에 대한 얼마나 엄중한 경고인가. 그들의 동기도 아마 하나님을 섬기려는 것으로 잘못된 것은 아니었을지 모른다. 그러나 그들은 하나님께서 '그들에게 명령하시지 않은' 일을 했고 그 결과는 얼마나 두려운 것인가? 웃사의 손(삼하 6:6)도 같은 성질의 예이다. 하나님을 섬기는 일에 있어서, 우리는 자기의 의견, 사람의 전해져오는 것, 단체의 강령대로 할 수 있는 자유가 없으며 반드시 하나님의 말씀대로 행해야 한다. 무릇 '여호와께서 명령하시지 않는' 일로 섬기는 것은 그 의도가 좋고, 효과가 좋을지라도 모두 하나님께서 기쁘게 받으시지 않는 것이다. 모세는 회막을 건축하는데 하나하나 하나님께서 산 위에서 지시하신 모양대로 했으며 그 결과 '하나님의 온 집에서 신실했다.' 라는 칭함을 받았다(히 3:2). 나답과 아비후가 '여호와께서 명령하시지 아니하신 다른 불을 담아 여호와 앞에 분향함' 의 결과는 거룩한 불에 타서 죽는 것이다.

4. '아사셀' (16:8-10, 20-26)이 무엇을 가리키는지 성경 해석가들의 의견이 분분하다. '아사셀' 이라는 글자의 뜻으로 말하자면 '아사' 의 뜻은 염소, '셀' 의 뜻은 떨어진 혹은 떼어 놓은이다. 그러므로 '아사셀' 의 뜻은 광야로 보내질 '그 떼어 놓은 염소' 이다. 여기에 두 마리 중 한 마리 숫염소는 속죄 제물을 위하여 잡아서 이스라엘 사람의 속죄를 위하여 피를 흘렸고, 다른 한 마리(즉 떼어 놓은 염소)는 결코 죽이지 않고 단지 그들의 죄를 담당하게 하고는 사람이 없는 곳으로 보내어졌다. 이것은 은혜의 두 방면을 예표한다. 한 방면은 우리의 죄가 피 때문에 용서함을 받았음을 예표한다. 다른 한 방면은 우리의 죄가 다시는 하나님 앞에 남아 있지 않고 영원히 기억되지 않음을 예표한다(히 8:12, 미 7:19).

5. 이 책과 출애굽기는 그리스도에 관한 예표가 충만한 책이다. 책 중에서 거

의 모든 일이 각각 한 가지라도 그리스도의 어떤 점이나, 어떤 일이나, 어떤 부분을 예표하고 있다. 성경을 처음 읽는 사람이 완전하게 알 수는 없더라도 이 책의 내용을 그리스도께서 우리에게 행하신 일과 한번 비교해 보면 하나님의 구속의 계획이 이미 구약 안에 상당히 드러나 있음을 볼 수 있다. 예를 들면 다음과 같다. 이 책의 25장 48, 49절에서 팔린 몸을 다시 사 올 수 있는 그 '형제' 나 '친척' 은 그리스도를 예표한다. 왜냐하면, (1) 그리스도는 우리의 '형제' 요 또한 '친척' 이시기 때문이다(룻 3:12, 창 3:15, 갈 4:4-5, 히 2:14-16). (2) 그분은 사람과 유업을 구속하신다(레 25:25, 48, 갈 4:5, 엡 1:7, 11, 14). (3) 오직 그분만이 구속할 능력을 갖고 계신다(룻 4:6, 렘 50:34). (4) 우리가 구속된 것은 그분께서 구속의 값을 깨끗이 갚았기 때문이다(벧전 1:18-19). 그리스도의 예표 이외에도 또한 사람의 죄를 나타내는 나병의 예표가 있다.

Ⅵ. 핵심 단어, 핵심 구절

1. 이 책의 핵심 단어는 2개가 있는데, 하나는 '거룩' 으로 최소한 87번 사용되었고, 또 하나는 '속죄(贖罪)' 로 최소한 45번 사용되었다. (원문 참조-다른 번역본은 횟수가 많이 차이 남)

2. 이 책의 핵심 구절은 세 곳이다.
   (1) "나는 너희의 하나님이 되려고 너희를 애굽 땅에서 인도하여 낸 여호와라 내가 거룩하니 너희도 거룩할지어다"(11:45)
   (2) "너희는 나에게 거룩할지어다 이는 나 여호와가 거룩하고 내가 또 너희를 나의 소유로 삼으려고 너희를 만민 중에서 구별하였음이니라"(20:26)

(3) "육체의 생명은 피에 있음이라 내가 이 피를 너희에게 주어 제단에 뿌려 너희의 생명을 위하여 속죄하게 하였나니 생명이 피에 있으므로 피가 죄를 속하느니라"(17:11)

Ⅶ. 분석

이 책은 모두 5단락—제사와 제물을 드리는 규정, 섬기는 규정, 거룩한 백성, 여호와의 절기, 기타 규정과 경고로 나누어진다. 첫째 단락과 둘째 단락은 하나님께서 거룩한 분이시고, 구속받은 백성들은 반드시 제사장을 통하여 제물을 드려야 비로소 그분을 가까이하고 그분에게 열납될 수 있다는 것을 말한다. 셋째 단락부터 다섯째 단락까지는 하나님께서 거룩하시며 하나님의 백성도 반드시 거룩한 생활을 해야 함을 말하고 있다.

1. 제사와 제물을 드리는 규정(1-7장)

(1) 1장부터 6장 7절까지는 다섯 가지 제사를 말하고 있다. 6장 8절부터 7장까지는 제물을 드리는 규정이다.

(2) 제사에는 다섯 가지 종류 : 번제, 소제, 화목제, 속죄제, 속건제가 있다. 혼란과 오해를 피하기 위해 처음 성경을 읽는 사람은 다음 사항을 꼭 기억해야 한다. 이스라엘 사람 가운데 많은 제사가 있으나 제사장을 위한 것이나 관리를 위한 것이나 백성의 속죄를 위한 것이나 또한 수소, 염소, 양, 산비둘기, 집비둘기 등을 제물로 사용한 것에 관계없이 모두 이 다섯 종류의 제사 가운데 하나였다. 7장은 우리에게, 사람이 감사함으로 제물을 드릴 수 있고, 서원함으로 제물을 드릴 수 있고, 자원함으로 제물을 드릴 수 있는 것을 보여 주는데, 동기는 다르지만 모두 화목제이다.

(3) 제사 자체는 결코 하나님을 만족시킬 수 없지만 제사가 나타내는 바는 분명히 하나님께서 만족하시도록 하는 것이다(히 10:4-10).

1) 번제는 그리스도께서 우리를 위해서 기꺼이 자신의 흠 없는 몸을 하나님께 드리고 죽기까지 순종하시어 향기로운 향기로 하나님을 만족시키셨음을 예표한다. 드리는 제물은 ① 소(그리스도께서 하나님 앞에서 인내하시고 수고하시고 충성스러운 종이 되심을 예표함). ② 양(그리스도의 유순하심과 선하심). ③ 염소(죄인을 예표하고 그리스도께서 '죄 범한 가운데 처하심' 으로 우리를 위하여 '죄가 되심' 을 예표함). ④⑤ 산비둘기와 집비둘기(그리스도의 온유함과 순전함을 예표하고 아울러 그리스도께서 우리를 위해서 비천하고 빈곤하게 되심을 예표한다. 왜나하면 산비둘기와 집비둘기는 모두 가난한 사람의 제물이기 때문이다).

2) 소제 중 고운 가루는 그리스도의 깨끗하심과 섬세하심, 그리고 치우치지 않은 온전한 인격을 예표하며 또한 그리스도께서 우리의 양식이 되심을 예표한다. 유향(乳香)은 그리스도께서 고난 받으신 후에 발하는 향기를 예표한다. 누룩을 넣지 않는 것은 그리스도의 죄 없으신 품격을 예표한다. 꿀이 없음은 그리스도께 하나님의 아름다움이 있을 뿐 자신의 타고난 아름다움이 없으시다는 것을 예표한다. 섞는 기름과 붓는 기름은 그리스도께서 성령으로 충만하심과 부어 주심을 예표한다. 소금은 그리스도의 생명이 맛을 내고 썩는 것을 방지하는 능력이 있음을 예표한다.

3) 화목제는 그리스도께서 '그분의 십자가의 피를 통하여 화평을 이루어' (골 1:20) 우리가 하나님과 사람 모두와 화목하게 되도

록 우리의 화평이 되신(엡 2:14) 그리스도를 예표한다.

4) 속죄제는 화제(즉 번제, 소제, 화목제)와는 다르다. 후자는 그리스도의 온전하심이 향기처럼 하나님께 열납되시는 것을 예표하고, 전자는 '죄가 되시고', '죄인 가운데 처하신'(고후 5:21, 사 53:12) 그리스도를 예표한다. 그분은 결코 죄인이 아니셨지만, 한 죄인으로 여겨지셨고 죄의 형벌을 받고 십자가에 못 박히심으로 우리가 그분의 보혈을 의지하여 죄들을 용서받았다.

5) 속건제(贖愆祭)는 속죄제(贖罪祭)와 비슷한 것 같다. '죄(罪)'와 '허물'의 뜻은 거의 같은 것이기 때문이다. 그러나 '속죄제'의 '죄'는 우리의 전체적인 죄로서 하나님 앞에서의 죄이다. '속건제'의 죄는 우리의 하나하나의 죄를 말하는 것으로 세어서 계산해 낼 수 있는 죄이다. 그리스도께서 우리의 속죄제의 제물이 되심은 하나님 앞에서의 우리의 전체적인 죄 때문이고, 그리스도께서 우리의 속건제의 제물이 되신 것은 우리의 개별적인 죄, 곧 매일매일의 죄를 위한 것이다.

2. 섬기는 규정(8—10장)

(1) 출애굽기에서 섬기는 규정에 대해 말한 바가 있지만(출 28-29장), 여기에서는 모세가 아론을 데리고 섬기는 규정을 집행하는 것을 말한다.

(2) 섬기는 규정 중에는 제사장의 다음 항목들이 포함된다. 1) 선택하여 부르심(8:1-3), 2) 깨끗하게 하심(8:6), 3) 거룩한 옷(8:7-13), 4) 속죄(8:14-29), 5) 기름 부음 받음(8:30), 6) 음식(8:31-36, 10:12-20), 7) 직무(9장), 8) 규정을 위반했을 때의 징벌(10:1-11).

3. 거룩한 백성(11—22장)

(1) 거룩하신 하나님은 그분의 백성에게 거룩하라고 요구하시며 모든 백

성 중에서 분별해 내셨다(20:26).

(2) 그러므로 거룩한 백성은 반드시 다음을 주의해야 한다.

1) 먹을 수 있는 것과 먹을 수 없는 것, 깨끗한 것과 깨끗하지 않은 것(11장).

2) 여자의 출산(12장).

3) 나병(13-14장) : 죄를 예표하는데 초기에는 잠복하여 감추어져 있다가 오염되고 가중하게 되어 사람의 힘으로 치료할 수 없게 된다. 작은 부분에서부터 퍼져서 확장되어 온 몸에 이르게 되고, 하나님과 및 깨끗하게 된 이와 격리되어 결국은 죽음에 이르게 된다. 치료함을 받은 사람은 반드시 피로 속죄해야 한다.

4) 속죄(16장).

5) 피를 먹는 것을 금함(17장).

6) 친척간의 관계(18—20장).

7) 제사장은 자신을 깨끗하게 해야 함(21—22장).

4. 여호와의 절기(23장)

(1) 일곱 날 중 제7일, 즉 거룩한 안식일 외에 이스라엘 백성에게는 7가지 중요한 절기가 있었다. 유월절, 무교절, 초실절, 오순절, 나팔절, 속죄일, 초막절 등이다.

1) 유월절(5절)

그리스도께서 우리의 유월절 어린양으로서 죽음을 당하시어 우리를 구원하심을 예표한다(고전 5:7).

2) 무교절(6-8절)

성도가 구속을 받은 후에 거룩한 생활을 살아야 함을 예표한다(고전 5:8).

3) 초실절(9-14절)

그리스도께서 죽음에서 부활하시어 처음 익은 열매가 되심을 예표한다(고전 15:20).

4) 오순절(15-22절)

성령께서 강림하심을 예표한다(행 2:1-4). 고운 가루가 기름과 섞여져 다시는 나누어지지 않고 떨어지지 않는 하나의 떡(그리스도의 몸)이 되었다.

5) 나팔절(24-25절)

그리스도께서 강림하셔서 나팔 소리로 사방의 이스라엘 백성을 불러 돌아오게 하심을 예표한다(마 24:31).

6) 속죄일(27-32절)

이스라엘 백성이 주님을 만나서 그들이 주님을 저버린 죄를 통회하고 그다음에 '이스라엘 온 집이 모두 구원을 얻게 됨' 을 예표한다(롬 11:26, 슥 12:10-13:1, 욜 2:1, 12).

7) 초막절(33-44절)

천년왕국 안에서의 안식과 기쁨을 예표한다.

앞의 4개의 절기는 서로 근접된 날에 있으나 오순절 이후 매우 오랜 시간이 지나서 마지막 3개의 절기가 있고 그것들의 날은 또한 매우 근접되어 있다. 이것은 무슨 이유인가?

5. 기타 규정과 경고(24장—27장)

(1) 규정.

1) 등불을 켜는 것에 관하여(24:1-2).

2) 임재의 떡(진설병)에 관하여(24:5-9).

3) 안식년과 희년에 관하여(25:1-22).

4) 유업을 되찾는 것에 관하여(25:23-34).

5) 이자를 취한 것에 관하여(25:35-38).

6) 노예에 관하여(25:39-55).

7) 헌신에 관하여(27장).

(2) 경고.

1) 거룩한 이름에 관하여(24:10-23).

2) 우상에 관하여(26:1-2).

3) 하나님을 청종하는 사람의 복에 관하여(26:3-13).

4) 하나님을 거역하는 사람이 받는 재앙에 대하여(26:14-39).

5) 오직 회개함으로(26:40-45).

제4장
민수기

Ⅰ. 책명

1. 민수기는 모세오경 가운데 제4권이다. 그것의 히브리어 원명은 '베데드바르(B' midbar)로 '광야 중에서' 라는 뜻이다. 이 이름은 가장 합당한 명칭이다. 이는 이 책의 내용이 이스라엘 백성이 광야에서 유랑하는 과정을 말하고 있기 때문이다.

2. 성경의 역자가 그것의 이름을 '민수기' 라고 부른 까닭은 책 가운데 두 차례, 첫 번째는 시내 광야(1장)에서, 두 번째는 모압 평원에서 이스라엘 백성의 인수를 계수(計數)하였기 때문이다.

Ⅱ. 성질

1. 이 책은 전권인 레위기를 이어 계속된 것으로 두 책은 시간의 공백이 조금도 없다. 이 책의 시작은 레위기와 같이 여전히 시내 광야이다.

2. 이 책의 내용은 한 면으로는 역사의 기록이고 또 한 면으로는 입법의 기록이다.

Ⅲ. 시간과 장소

1. 이 책이 포함하고 있는 시간은 약 39년으로 주전 1490년부터 주전 1451년까지이다.

2. 이 책의 기록은 이스라엘 백성이 시내 광야로부터 출발하여 마지막에는 모압 평원에 도착하는 것을 포함하는데 그 땅은 가나안 땅의 큰 입구이고 강 건너편은 바로 여리고 성이다.

3. 처음 성경을 읽는 사람은 이 책을 읽을 때에 수시로 성경 뒤에 있는 지도를 참고하여 이스라엘 백성이 지나간 땅을 찾아보는 것이 가장 좋다.

Ⅳ. 메시지

이 책의 주요한 메시지에는 여러 방면이 있다.

1. 일(하나님을 섬기는 일) : 이것이 이 책의 서두의 메시지이다. 하나님의 백성은 구속받은 이후에 반드시 일이 필요하다. 우리는 여기에서 성경의 처음 4권의 메시지가 얼마나 긴밀한 관계에 있는 것인지를 볼 수 있다. 창세기는 창조와 실패를, 출애굽기는 구속을, 레위기는 교통과 경배를, 민수기는 일과 행위를 말하고 있다. 오직 구속을 받은 사람들만이 비로소 하나님과 교통하고 하나님께 경배하는 자격을 갖게 된다. 또한 오직 하나님과 교

통하고 경배하는 그러한 사람들만이 비로소 하나님 앞에서 일과 행위를 말할 수 있는 자격을 갖게 된다.

2. 질서 : 하나님 앞에서의 일은 반드시 질서가 있다. 하늘에서의 첫 번째 율법이 질서라고 말할 수 있다. 이 책에서 기록하고 있는 것은 이스라엘 백성의 군대로 편성됨과 여정, 회막 안의 봉사, 이스라엘 백성이 매일 행하는 일 등으로서 모두가 반드시 일정한 규정대로 행하여야 했고, 약간의 혼란도 있어서는 안 되었다.

3. 이 책에는 또 하나의 중요한 메시지가 있는데, 하나님의 백성이 실패하는 유일한 원인은 '불신' 이라는 것이다. 11장부터는 바로 이스라엘 백성이 광야에서 실패한 비참한 역사를 말하는데, 실패한 원인은 불신에 기인하지 않은 것이 하나도 없다. 그러므로 이 책은 마치 구속받은 모든 사람들에게 '불신을 경계하라' 고 경고하고 있는 듯하다.

V. 주의할 곳

1. 이 책의 서두는 이스라엘 백성을 계수하는 일을 기록하고 있는데 그 뜻에는 세 방면이 있다.
   (1) 하나님께서 계수를 시작하심은 그분께서 이스라엘을 그분의 백성으로 인정하시고 그분께서 하나하나 그들의 이름을 불러내실 수 있음을 나타내고 있다(참고 요 10:3-4).
   (2) 계수하심은 질서 있는 행군과 싸움을 위한 것이다.
   (3) 계수하심은 이스라엘 자손을 군대로 편성하여 각각 어느 지파, 어느 족속에 속했고 마땅히 해야 할 봉사나 일이 무엇인지 알리신

것이다. 이렇게 해야 비로소 혼란을 면할 수 있었던 것이다. 오늘 우리도 그리스도의 몸(교회) 안에서 이와 같다. 각자는 반드시 자기의 은사가 무엇이며, 사역이 무엇인지, 어떻게 하고, 언제 어디서 하는지를 분명히 알고, 결코 함부로 행동할 수 없고 반드시 성령 '자신의 뜻' 을 따라 동역해야 한다(고전 12장).

2. 이 책의 2장에서 이스라엘 백성의 진영을 다음과 같이 기록하고 있다. 동쪽에 3개의 지파가 있는데 유다 지파가 족장이 되고, 남쪽에 3개의 지파가 있는데 르우벤 지파가 족장이 되고, 서쪽에도 3개의 지파가 있는데 에브라임 지파가 족장이 되고, 북편에 3개의 지파가 있는데 단 지파가 족장이 되고, 중앙에는 레위 지파가 있다. 이와 같은 진영은 십자가를 상징한다. 유대 랍비의 전해지는 말에 의한다면 유다 지파의 기장은 '사자' 이고, 르우벤 지파의 기장은 '사람' 이고 에브라임 지파의 기장은 '소' 이고, 단 지파의 기장은 '독수리' 이다. 그렇다면 이 진영도 그리스도의 일의 네 방면, 즉 왕, 노예, 사람, 하나님을 예표한 것이다(겔 1:10과 신약 사복음서의 특징을 비교해 보라).
이것은 오늘날 그리스도인의 영적 전쟁에 있어서 승리의 비결이 그리스도를 높이고 십자가의 승리를 자랑함에 달려 있다는 것을 설명하는 것이다.

3. 나실인의 생활(6장)은 우리에게 귀중한 공과이다.
(1) '자기 몸을 구별하여 여호와께 드림' : 나실인은 온전하고 철저하게 주님께 헌신한 사람으로, 일생을 주님을 위해 생활하는 사람이다.
(2) '포도주와 독주를 멀리함' : 나실인은 땅의 쾌락을 거절하고(전 10:19), 오로지 주님으로 인한 기쁨을 원하는 것이다(참고 시 32:11, 87:7).

(3) '삭도를 절대로 그의 머리에 대지 말 것이라 자기 몸을 구별하여 여호와께 드리는 날이 차기까지 그는 거룩한즉 그의 머리털을 길게 자라게 할 것이며'(6:5) : 긴 머리털은 남자의 수치로서(고전 11:14) 나실인은 기꺼이 주님을 위해 수치를 받음.

(4) '시체를 가까이 하지 말 것이요' : 나실인은 부정한 것을 멀리하고 죄의 더러움으로부터 자신이 오염되지 않도록 해야 한다.

4. 이 책 중의 예표는 이전의 몇 권처럼 많지는 않다. 그러나 매우 중요하다. 예를 들면,

(1) 나실인(6장) : 위의 3번 항목을 보라.

(2) 여호수아(11:28) : 구약성경 개관 제6과의 여호수아를 보라.

(3) 반석(20:8) : 구약성경 개관 제2과 출애굽기와 고린도전서 10장 4절을 참고하라.

(4) 아론의 싹난 지팡이(17:8) : 그리스도께서 죽음을 거치시고 부활하시어 영적인 대제사장이 되셨음을 예표한다. 11개의 지팡이에는 모두 싹이 나지 않아 영원히 죽었으나, 오직 아론의 지팡이는 싹이 나서 부활하였다. 이것은 모든 교주는 죽어서 역사상의 인물이 되었으나 오직 그리스도는 죽음 가운데서 부활하셨고 또한 영원히 살아 계심을 설명한다.

(5) 흠이 없고 온전한 붉은 암송아지(19:2) : 그리스도께서 믿는 이들의 죄를 제거하시고 깨끗하게 하시기 위해 십자가에 못 박히시어 희생 제물이 되셨음을 예표한다(참고 히 9:12-14).

(6) 놋뱀(21:9) : 그분을 앙망하고 믿는 모든 사람을 구원하시기 위해 십자가에 못 박히시고 '우리를 대신하여 죄가 되신' 그리스도를 예표한다(참고 요 3:14-15, 고후 5:21).

(7) 도피성(35장) : 그리스도께서 하나님의 심판을 피하는 우리의 피난처가 되심을 예표한다.

5. 신언자 미리암이 가데스에서 죽고(20:1), 대제사장 아론이 호르 산에서 죽었으며(20:28), 하나님의 종인 모세도 아바림 산 중의 느보 산 위에서 죽을 것이다(신 32:48-50). 그들은 모두 가나안 입구에서 멈추고 안으로 들어가지 못하였다. 그러므로 신언자, 제사장, 율법은 단지 사람이 가나안 땅을 향해 가게 할 수 있을 뿐이었고 오직 우리의 여호수아('여호수아'란 이름은 신약의 '예수'와 같다)만이 우리를 가나안의 복된 땅으로 들어가도록 인도하실 수 있다.

6. 이 책 중에는 또한 이스라엘 집, 열국, 메시아 등에 관한 놀라운 예언이 있다(23, 24장). 뜻밖에도 그 예언은 이방의 타락한 신언자의 입에서 나왔다. 하나님의 계시는 다만 이스라엘 백성에게만 국한된 것이 아니고 이방인에 대해서도 있다. 멜기세덱, 욥 등은 모두 이방인이었고 또한 매우 깊이 하나님을 알았다.

7. 15장 38절의 '청색 끈'은 의복 자락의 술에 박는데 이것은 이스라엘 백성이 하늘에 속하고(청색), 거룩하게 여호와께 분별되고 또한 자신의 세상에 속한 야심과 욕망에서 벗어나서 분별되는 것을 말한다.

Ⅵ. 핵심 단어, 핵심 구절

1. 핵심 단어

(1) '돌보다.' (3:7)

(2) '전쟁' (10:9)

(3) '떠도는' (14:33, 원문 참조)

2. 핵심 구절

(1) "곧 그들이 여호와의 명령을 따라 진을 치며 여호와의 명령을 따라 행진하고 또 모세를 통하여 이르신 여호와의 명령을 따라 여호와의 직임을 지켰더라"(9:23)

(2) "다만 여호와를 거역하지는 말라 또 그 땅 백성을 두려워하지 말라 그들은 우리의 먹이라 그들의 보호자는 그들에게서 떠났고 여호와는 우리와 함께 하시느니라 그들을 두려워하지 말라 하나" (14:9)

Ⅶ. 분석

이 책은 지리상에 의거하여 3단락—시내 산에서, 시내 산에서 가데스까지, 모압에서—으로 나누어진다.

1. 시내 산에서(1:10-10:10)

(1) 첫 단락은 레위기 마지막 장에 곧 이어서 나온 것으로 그때 이스라엘 백성은 계속 시내 광야에 주둔하였고 거기서 약 20일을 머물렀다(1:1과 10:11을 비교하라).

(2) 첫 단락에서 규율이 있는 섬김은 다음과 같음을 말하고 있다.

1) 조직적인 진(陣) 가운데(1, 2장).

2) 회막 가운데(3, 4장).

3) 깨끗한 진(陳) 가운데(5장).

4) 나실인의 생활 가운데(6장).

5) 예물을 드리는 가운데(7장).

6) 아론과 레위인의 직무 가운데(8장).

(3) 첫 단락에서는 또한 기타 규례를 말하고 있다.

1) 유월절의 규례(9:1-14).

2) 구름이 인도하는 규례(9:15-23).

3) 나팔 부는 규례(10:1-10).

2. 시내 산에서 가데스까지(10:11-20장, 21:5-9)

(1) 둘째 단락은 이스라엘 백성이 시내 산에서 출발하여 다시 가데스에 이르는 과정을 포함하는데 시간이 약 37년 11개월이 걸렸다.

(2) 둘째 단락에서 이스라엘 백성의 가장 비참한 실패를 말하고 있다. 다시 한 번 하나님께 득죄하고, 하나님을 배반함으로 전후 모두 여덟 번 정도 실패하였다.

1) 다베라에서 불평을 함(11:1-3).

2) 음식으로 인하여 불평을 함(11:4-35).

3) 하나님께서 세우신 인도자를 비방함(12장, 참고 살전 5:12-13, 벧후 2:10, 유 8-9절). - 미리암의 일에서부터 교훈을 받을 수 있다.

4) 하나님께서 그들에게 주신 가나안 땅의 약속을 믿지 않음(13:1-14:38).

5) 하나님의 그들에 대한 공의의 판결을 믿지 않음(14:39-45).

6) 하나님께서 안배하신 권위와 직분에 불복종함(16-17장) : 고라, 다단, 아비람 등의 이야기에서 교훈을 받을 수 있다.

7) 목마름 때문에 불평을 함(20:2-13).

8) 길이 험하고 양식이 부족하여 다시 불평을 함(21:5-9).

이 기간 중에 이스라엘 백성은 하나님 앞에서 말할 만한 역사가 없었고 거의 공백 상태가 되었다.

(3) 실패의 기록 외에도 제2단락에서 말하는 것에는

1) 제물을 드리는 규정(15장).

2) 제사장과 레위인의 직분과 권리(18장).

3) 더러운 것을 깨끗하게 하는 규정(19장) 등이 있다.

3. 모압에서(21:1-4, 21:10-36장)

제3단락에서는 이스라엘 백성의 승리를 기록하고 있다. 비록 그들에게 여전히 몇 번의 실패가 있었지만, 그러나 결론적으로 말하면 그들은 하나님을 믿고 의지하여 승리를 얻었다.

(1) 아랏 왕을 이김(21:1-3)

(2) 아모리 왕 시혼을 이김(21:21-31)

(3) 바산 왕 옥을 이김(21:33-35)

(4) 발락과 발람의 이야기(22-25장)

발람은 타락한 신언자이다. 신약성경 중에 여러 번 그를 언급하여 믿는 이들의 거울로 삼고 있다. '발람의 길' (벧후 2:15) — 그는 일찍이 경건을 이익의 수단으로 삼았고, 은사를 팔아서 재물을 구하는 방법으로 삼았고, 또한 기도로 하나님의 뜻을 바꾸고 자기 사욕을 좇으려 시도하였다. '발람의 그릇된 길' (유 11절) — 그는 하나님의 긍휼과 사랑을 알지 못하고, 거룩하신 하나님은 반드시 죄 있는 이스라엘 백성을 저주하실 것으로 여겼다. '발람의 가르침' (계 2:14) — 그는 발락을 가르쳐서 그 저주할 수 없는 백성으로 죄를 행하게 하고 타락시켰다(25:1-3, 31:16).

(5) 제2차 이스라엘을 계수하심(26장). 제2차 계수하심의 결과 제1차

보다 1,820명이 줄었다.

(6) 유업을 분배하는 법규(27:1-14).

(7) 모세의 계승자 : 여호수아(27:15-23).

(8) 제물을 드리고 서원하는 규정(28-30장).

(9) 미디안 사람을 이김(31장).

(10) 가나안 땅으로 들어가는 준비(32-36장).

제5장
신명기

Ⅰ. 책명

1. 이 책은 모세 오경의 마지막 책이다. 70인역의 역자는 이 책을 '제2율법' 이라고 이름 지었는데, 이는 율법을 다시 말해 준다는 뜻이다. 여기에는 새로운 율법이 없고, 단지 39년 전에 시내 산 위에서 모세가 얻은 율법을 다시 한 번 말하고 자세하게 설명한 것이다.

2. 가데스 바네아에서의 실패로 인해서 여호수아와 갈렙을 제외하고, 이집트에서 나와 시내 산에서 율법을 받은 이스라엘 성인(成人)들은 모두 광야에서 쓰러져 죽었다. 지금 남아 있는 이스라엘 백성은 새로운 한 세대이고, 그러므로 그들에게 두 번째로 율법을 설명할 필요가 있었다.

Ⅱ. 저자

1. 이 책의 저자는 하나님의 종인 모세가 분명하다. 처음에는 입으로 전하고, 이후에 책으로 썼다(참고 1:3, 31:24-26).

2. 그러나 신학자들 중 어떤 불신파들은 모세가 이 책을 쓴 것이 아니라고 강조한다. 그 이유는 결코 자신의 죽음을 책에 쓸 수 없을 것이기 때문이라는 것이다(34장). 처음으로 성경을 읽는 사람들도 이것을 이상하게 여길 것이다.

3. 그러나 사실 이것은 결코 이상하게 여길 만한 점이 아니다. 왜냐하면 34장은 위의 문장과 이어진 것이 아니고 분명히 독립된 한 단락이기 때문이다. 아마도 모세의 계승자인 여호수아가 모세의 책에 첨가하여 쓴 한 단락의 후기일 것이다. 이것으로 이 책을 모세가 썼다는 사실을 뒤엎기는 부족하다.

Ⅲ. 시간과 장소

1. 이 책은 앞의 민수기의 마지막에 이어서 나온 것으로, 두 권의 책의 시간은 같으며 모두 출애굽 이후 제40년이고 장소는 모압 평원이다.

2. 이 책의 내용이 포함된 시간은 약 40년, 곧 주전 1491년부터 주전 1451년까지이다.

Ⅳ. 메시지

이 책의 주요한 메시지는 다음과 같다.

하나님께서는 모세를 통해 새로 일으키신 한 세대를 향해서 그분께서 과거에 얼마나 이스라엘 백성을 은혜로 대하셨는지를 설명하고 있다. 그분은 그들을 노예의 땅에서 구속해 내셨고, 율법을 전하셨고, 그들을 하나님의 백성으로 분별하셨으나 그들은 여러 번 불평하고, 비방하고, 하나님을 배반하였다. 그래서 모두 하나님의 심판을 받아서 광야에서 쓰러져 죽었다. 여기에서 그분은 과거의 사실을 사용하여 그 새로운 한 세대에게 그분의 기묘한 은혜와 큰 능력의 역사를 기억해야 하고, 그분의 규례와 법도들에 절대적으로 순종해야 하며, 이렇게 해야 비로소 그 약속된 좋은 땅에서 승리와 풍성과 복락과 유업을 얻을 수 있다는 것을 가르치고, 경고하며, 권면하고 계신다.

Ⅴ. 주의할 곳

1. 이 책은 '복습의 책' 이다. 왜냐하면 이 책은 이스라엘 백성이 과거에 걸어갔던 길을 복습하도록 하고, 과거의 모든 체험들을 복습하도록 하고, 과거에 참여한 전쟁을 복습하도록 하고, 또한 특별히 과거에 받은 율법을 복습하게 하기 때문이다.

2. 이 책은 과거를 복습하는 것 외에도 장래를 예언한다. 예를 들면, 18장 15절부터 19절까지는 큰 예언의 한 단락이다. 장차 오실 한 분 신언자에 대해 언급한 것은 바로 우리 주 예수 그리스도를 가리킨 것이다(참고 요 1:45, 행 3:22-23, 7:37).

3. 메시아의 예언 외에 또한 이스라엘 백성들에 대한 예언이 있다. 즉 가나안 땅에 들어간 이후에 그들이 어떻게 믿지 않고, 하나님을 버리며, 재앙을 초래하고, 천하로 분산되며, 나중에 어떻게 회개하고, 주님께서 내려 오셔서 이스라엘 백성을 다시 부르실 것이며, 마지막에는 그들이 반드시 부흥되어 큰 복을 받게 될 것이라는 예언이다.

4. 이 책은 사탄을 이기고 시험을 이기는 좋은 무기이다. 우리 주 예수님께서 광야에서 시험을 받으실 때, 그분은 일찍이 세 번 이 책의 말씀을 인용하셔서 사탄의 유혹에 대해 승리하셨다(8:3, 6:16, 13, 10:20).

주님께서 율법사의 시험을 처리하실 때에도 역시 6장 5절의 가장 큰 계명을 인용하셨다.

5. 이 책은 성경에서 첫 번째로 '나무 위에 달린' 죽음(21:22-23)을 언급하여, 그리스도께서 어떻게 죽음을 당하실 것과 그분의 시체가 다음날까지 십자가에 남아 있지 않을 것(요 19:31)과 그분의 형벌 받으심이 우리를 대신하여 하나님 앞에서 저주를 받으심(갈 3:13)이라는 것을 어렴풋이 나타내고 있다.

6. 하나님께서 그분의 백성에게 요구하시는 것은 귀담아 듣고 지키는 것이다(5:29). 그 이유는 다음과 같다.
   (1) 그들은 하나님께 속하며 하나님의 자녀이기 때문이다(14:1-2).
   (2) 그분은 그들을 사랑하시기 때문이다(4:37, 7:7-8).
   (3) 또한 그들을 보호하시고, 번성하게 하시고, 복을 주시기 때문이다(4:40, 5:29, 6:2-3, 24).
   (4) 그분은 놀라운 은혜와 사랑으로 그들을 대하셨기 때문이다(4:7-8, 5:6, 4:33).

7. 이 책의 내용은 대부분 모세의 말이다. 우리는 그의 말에서 그의 언변을 볼 수 있을 뿐만 아니라, 더욱 각 부분에서 그가 어떠한 열심과 사랑과 충성을 가지고서 이스라엘 백성들에게 마치 연로하고 자상한 아버지가 그의 일생의 마지막 순간에 사랑하는 자녀들에게 이별의 유언을 하는 것처럼

하나하나 간절하고 자상하게 훈계하고 있는 것을 볼 수 있다.

Ⅵ. 핵심 단어, 핵심 구절

1. 핵심 단어 : '듣고 준행하라' (4:1)

2. 핵심 구절

(1) "다만 그들이 항상 이같은 마음을 품어 나를 경외하며 내 모든 명령을 지켜서 그들과 그 자손이 영원히 복 받기를 원하노라"(5:29)

(2) "이스라엘아 들으라 우리 하나님 여호와는 오직 유일한 여호와이시니 너는 마음을 다하고 뜻을 다하고 힘을 다하여 네 하나님 여호와를 사랑하라"(6:4-5)

(3) "이스라엘아 네 하나님 여호와께서 네게 요구하시는 것이 무엇이냐 곧 네 하나님 여호와를 경외하여 그의 모든 도를 행하고 그를 사랑하며 마음을 다하고 뜻을 다하여 네 하나님 여호와를 섬기고 내가 오늘 네 행복을 위하여 네게 명하는 여호와의 명령과 규례를 지킬 것이 아니냐"(10:12, 13)

(4) "내가 오늘 복과 저주를 너희 앞에 두나니 너희가 만일 내가 오늘 너희에게 명하는 너희의 하나님 여호와의 명령을 들으면 복이 될 것이요 너희가 만일 내가 오늘 너희에게 명령하는 도에서 돌이켜 떠나 너희의 하나님 여호와의 명령을 듣지 아니하고 본래 알지 못하던 다른 신들을 따르면 저주를 받으리라"(11:26-28)

(5) "네가 네 하나님 여호와의 말씀을 삼가 듣고 내가 오늘 네게 명령하는 그의 모든 명령을 지켜 행하면 네 하나님 여호와께서 너를 세계 모든 민족 위에 뛰어나게 하실 것이라"(28:1)

Ⅶ. 분석

이 책은 모세가 여덟 번에 걸쳐서 한 말에 따라서 여덟 단락으로 나눌 수 있다. 지난날의 회고, 율법의 복습, 경고, 언약을 세움, 최후의 권면, 최후의 가르침, 모세의 노래, 축복이다. 34장은 신명기의 발문으로 모세의 죽음을 서술하고 있다.

1. 지난날의 회고(1장-4:43)
   (1) 가데스 바네아에서의 실패(1장).
   (2) 광야의 표류(2-3장).
   (3) 여호와의 규례와 법도를 준행하도록 백성에게 권고함(4:1-40).
   (4) 도피성을 세움(4:41-43).

2. 율법의 복습(4:44-26장)
   이것은 모세가 한 8번의 말 가운데 가장 긴 것으로서 새로 일어난 이스라엘 백성 한 세대에게 여호와의 율법을 복습하게 하며, 도덕 방면에 관한 것, 생활 방면에 관한 것, 봉사와 경배 방면에 관한 것 등이 있다. 율법 외에 또한 경고, 권고, 권면과 약속 등이 있다.
   (1) 십계명을 다시 말함(5장).
   (2) 경고와 가르침(6장).
   (3) 분별과 승리(7장).
   (4) 경고와 권고(8-12장).
   (5) 거짓 신언자와 불량한 사람들을 엄격하게 거절함(13장).
   (6) 정한 것과 부정한 것, 먹을 수 있는 것과 먹을 수 없는 것을 분별하는 규례(14장).

(7) 안식년(15장).
(8) 유월절, 칠칠절, 초막절과 재판관을 세움(16장).
(9) 제물은 반드시 흠이 없어야 하고, 우상을 섬기는 사람은 반드시 죽이고, 권위에 복종하고, 왕을 선택하고 세우심(17장).
(10) 레위인의 몫, 가증한 일, 메시아의 예언, 거짓 선지자의 처리(18장).
(11) 도피성을 구별하여 경계를 이동하는 것을 금하고, 증거의 예로 삼으심(19장).
(12) 전쟁의 예(20장).
(13) 살인자에 대한 추적과 가정에서의 각종 규례(21장).
(14) 각종 생활의 규례와 음행을 금하는 규례(22장).
(15) 여호와의 총회에 들어오는 것을 금하는 규례와 각종 생활의 규례(23장).
(16) 아내를 버리는 규례, 각종 생활의 규례(24장).
(17) 각종 생활의 규례, 죽은 사람을 위하여 후사를 세우는 규례(25장).
(18) 처음 익은 열매를 드리는 규례(26장).

3. 경고(27-28장)
(1) 에발 산에서 돌을 세움(27:1-8).
(2) 축복과 저주(27:11-28:68).

4. 언약을 세움(29-30장)
이것은 하나님과 이스라엘 백성들이 세운 언약이다. 성경 해석가들은 그것을 '팔레스타인의 언약'이라고 칭한다. 이스라엘 백성들이 가나안 땅으로 들어가는 조건이며 내용이라고 할 수 있으며 다음을 포함한다.

(1) 가나안 땅으로 들어간 후에 이스라엘 백성은 결코 하나님을 버리고 우상을 섬길 수 없다(29장).

(2) 만일 위배하면 하나님은 반드시 저주와 재앙을 내리실 것이고, 심지어 그들을 가나안 땅에서 뽑아내고 열국으로 흩어지게 할 것이다(29장).

(3) 그러나 그들이 회개하고 돌이켜 하나님의 말씀을 청종하면 그분은 반드시 긍휼히 여기시고 그들을 불러 모으시어 가나안 땅으로 돌아오게 하실 것이다(30:1-5).

(4) 하나님은 이스라엘 왕국을 부흥하게 하시고, 그들의 마음을 정결하게 하시고, 하나님을 향하게 하심(30:6).

(5) 이스라엘 사람을 학대하고 박해한 열국을 심판하심(30:7).

(6) 이스라엘 왕국이 축복을 받고 번성하게 하심(30:9-10).

5. 최후의 권면(31:1-13)

(1) 백성에 대한 권면(1-6절).

(2) 여호수아에 대한 권면(7-8절).

(3) 레위인 및 여러 장로에 대한 권면(9-13절).

6. 최후의 가르침(31:24-29) : 모세가 레위인에게 율법 책을 언약궤 곁에 두고 항상 깨어 있으라고 분부함.

7. 모세의 노래(31:14-23, 32장)

(1) 하나님께서 모세에게 이스라엘 백성을 격려하고 경계할 노래를 짓도록 명하심(31:14-23).

(2) 모세의 노래는 신성하고 장엄한 한 수의 시가로서 그것은 지난날의 회고, 장래의 예언, 축복을 받음, 재앙을 초래함이 모두 이스라엘 백성

스스로 선택한 것임을 포함한다(32장).

8. 축복(33장)

야곱과 같이 모세가 임종시에 각 지파를 고루 축복한 것이다. 그의 축복 가운데 놀라운 예언이 있다.

9. 발문(34장)

34장은 이 책의 발문으로 아마도 모세의 계승자인 여호수아가 모세의 죽음에 관해 쓴 기록일 것이다. 처음 성경을 읽는 사람도 이 하나님의 사람에 대해서 어떤 감정을 갖게 되고, 그의 죽음을 읽을 때 애석함을 금할 수 없게 되어 심지어는 눈물까지 흘릴 것이다. 그러나 우리가 기억해야 할 것은 모세가 하나님 앞에서 죽어 하나님께서 친히 그를 매장하셨다는 것이다. 어떤 성경을 해석하는 권위자는 그가 죽은 후에 부활했다고 믿는다. 왜냐하면 미가엘이 모세의 시신에 대하여 마귀와 다투고(유 9절), 또한 그는 일찍이 죽음을 맛보지 않고 휴거되어 승천한 엘리야와 함께 영광 중에 있었다(눅 9:29-31). 머지않은 장래에 그들은 또한 베옷을 입고 나타날 것이다(계 11:3). 이러한 견해들이 정확한 것이든 아니든 관계없이 어느 날 우리는 반드시 그를 친히 눈으로 보게 되고 그와 함께 영원히 우리의 주님을 경배하고 섬기게 될 것이다.

역사서

제6장

여호수아

Ⅰ. 역사서의 제1권

1. 구약에서 모세 오경 뒤에 곧 이어진 것이 바로 역사서로 모두 12권이다. 여호수아서는 바로 역사서의 제1권이다. 역사서에서 말하는 내용은 이스라엘 백성이 가나안 땅에서 왕국을 건축한 때부터 포로될 때까지로 그것을 다섯 시기로 나눌 수 있다.
   (1) 왕국을 건축한 시기 : 여호수아
   (2) 사사 시기 : 사사기, 룻기, 사무엘상 1-10장
   (3) 열왕 시기 : 사무엘상 11-31장, 사무엘하, 열왕기상, 열왕기하, 역대상, 역대하.
   (4) 포로 시기 : 열왕기하 25장, 역대하 36장, 에스더
   (5) 소수 유민이 예루살렘으로 돌아옴 : 에스라, 느헤미야

2. 역사서는 우리의 귀감과 경고와 예표와 공과이기 때문에 신약 시대의 믿는 이들인 우리와 깊은 관계가 있다.

Ⅱ. 저자

이 책의 저자는 당연히 여호수아이다. 이 책도 앞 권의 신명기와 같이 뒷부분에 한 편의 발문이 있다(24:29-33). 아마도 비느하스가 추가하여 썼을 것이다(24:33).

Ⅲ. 시간과 장소

1. 이 책이 포함한 시간은 약 26년으로서 주전 1451년부터 주전 1426년까지이다.

2. 장소는 모압 평원과 가나안 땅이다.

Ⅳ. 성질

1. 여호수아서는 하나님의 구속을 완성한 책이다. 하나님의 구속의 제1단계는 그분의 백성을 노예의 집에서 벗어나서 이집트 밖으로 나가도록 인도하는 것이다. 제2단계는 하나님께서 주신 유업을 누리도록 가나안 땅으로 인도하는 것이다. 그러나 그들이 광야 특히 가데스 바네아에서 범죄하고, 배역하고, 불신함으로 결국 하나님의 구속의 계획과 단계가 방해받게 되었다. 40년이 지난 후에 이집트에서 나온 한 세대는 죽었고, 새로운 한 세대가 일어나서 광야에서의 공과를 잘 배운 후, 그분의 백성을 가나안 땅으로 들어가도록 인도하심으로 그분의 구속을 완성하시고, 그분의 약속을 실현시키셨다.

2. 이 책은 또한 한 편의 전쟁사이다. 이 책과 모세 오경과의 관계는 바로 사도행전과 사복음서의 관계와 같이 전진되고 발전적인 성질을 가지고 있다.

3. 이 책은 신약의 사도행전과 같을 뿐 아니라, 또한 신약의 에베소서와 같다. 이 책 중의 이스라엘 사람의 가나안 땅은 에베소서의 믿는 이의 '하늘'과 같다(엡 1:3, 2:6, 3:10, 6:12). '하늘'과 '가나안 땅'은 모두 전쟁의 장소이지만, 또한 유업과 안식과 승리와 하나님께서 약속하신 축복을 얻는 장소이기도 하다(수 21:41-45).

V. 주의할 곳

1. '이 율법 책을 네 입에서 떠나지 말게 하며 주야로 그것을 묵상하여 그 가운데 기록한 대로 다 지켜 행하라 그리하면 네 길이 평탄하게 될 것이라 네가 형통하리라' (1:8). 여기에서 하나님께서 사람을 가르치시는 하나의 새로운 방식을 설명한다. 이전에 하나님은 꿈과 이상, 혹은 천사를 통하여 말씀하셨지만, 지금은 모세가 쓴 '율법 책'이 있고 백성은 그것을 통해서 교훈과 하나님의 뜻을 알 수 있다. 이 가르침의 방식은 지금까지 계속되고 있다. 그때와 지금의 다른 점은 우리의 책—전체 성경—이 당시 여호수아가 가지고 있었던 책보다 더욱 완전하다는 것이다. 이 성경을 더욱 소중히 여기자.

2. 처음 성경을 읽는 사람은 종종 요단 강을 죽음에 비유하고, 가나안 땅에 들어가는 것을 천국에 들어가는 것… 등으로 비유한다. 사실 이런 것은 다 틀린 것이다. 요단 강을 건너는 것은 몸의 천연적인 죽음을 가

리키는 것이 아니라 바로 "나는 그리스도와 함께 십자가에 못 박혔습니다."의 죽음이고 또한 침례 받을 때 나타나는 죽음이다. 가나안 땅은 또한 천국과 같지 않다. 그것은 가나안 땅에는 많은 전쟁이 있으나 천국에는 그러한 것이 없기 때문이다. 가나안 땅은 믿는 이가 그리스도와 함께 죽고, 함께 매장되고, 함께 부활한 후에 하늘에 속한 생활과 경계 안으로 들어가고 거기에서 영적인 전쟁과 승리를 취하는 것을 가리킨다.

3. "내 종 모세가 죽었으니 이제 너는 이 모든 백성과 더불어 일어나 이 요단을 건너 내가 그들 곧 이스라엘 자손에게 주는 그 땅으로 가라"(1:2) 모세는 율법의 대표이고, 율법은 이스라엘 백성에게 승리를 줄 수 없고, 그들을 가나안 땅으로 들어가도록 인도할 수 없었다. 설령 사람에게 완전히 율법을 지키도록 한다고 해도 여전히 가나안 땅으로 들어갈 수 없다. 여호수아—이 이름은 헬라어의 '예수'의 뜻과 거의 유사하다—는 군대의 총사령관이며 '여호와의 구원자'(여호수아의 원뜻)로서 그만이 그들을 가나안 땅에 들어가도록 인도할 수 있다.

4. 이 책 중에는 몇 가지 중요한 예표가 있다.
   (1) 여호수아는 그리스도를 예표한다. 그것은 그리스도께서 모세(율법)의 뒤를 계승하신 분으로서(요 1:17, 갈 3:23-25), 그분은 우리를 승리로 인도하시며(고후 2:14, 롬 8:37), 우리의 변호자가 되시고(수 7:5-9, 요일 2:1), 우리에게 그분의 유업을 나누어 주신다(엡 1:11, 4:8).
   (2) 라합을 구원시킨 붉은 실은 죄인을 구원하여 사망에서 벗어나게 하는 보혈을 예표한다.
   (3) 요단 강을 건너는 것은 믿는 이의 침례-주님과 함께 죽고, 함께 매장되고, 함께 부활하는 것-를 예표한다(롬 6:6-11).

(4) 아간의 죄는 교회 가운데서 '적은 누룩이 온 반죽을 부풀리게 한다.' 를 예표한다(고전 5:6).

(5) 여리고 성은 성도의 영적인 길에 있는 어려움과 장애이다.

(6) 르우벤 지파, 갓 지파, 므낫세 반 지파가 선택한 유업은 가나안 변경(邊境)에 속하는 곳이다. 그들은 이집트에 있지도 않고, 가나안 땅에도 있지 않았다. 이것은 오늘날 한 면으로는 은혜 가운데 생활하면서 또 한 면으로는 세상 가운데 생활하는 한 무리의 세상적인 믿는 이들을 예표한다.

5. 여호수아는 책 중에 가장 중요한 인물이다. 처음 성경을 읽는 사람은 이 책 가운데 여호수아의 전기를 뽑아내어 모세 오경 가운데 그에 대한 사건과 합하여 자세하게 읽는 것이 가장 좋다. 그는 이집트에서 태어났고, 에브라임 지파에 속했고, 르비딤에서 이스라엘 백성의 군대 총지휘관이 되었고, 가데스 바네아에서 그와 갈렙 두 사람이 즉시 가나안 땅으로 쳐들어갈 것을 주장함으로 하나님께서 그를 모세의 뒤를 이은 계승자로 삼은 것 등을 주의하라.

6. 이스라엘 백성의 아이 성에서의 실패를 주의하고 그것이 우리에게 준 교훈을 배우라.

7. 라합은 본래 이방인이며, 기생이고, 비천한 죄인으로 멸망할 땅에 살았다. 그러나 그는 믿음으로 구원을 얻었고, 죽음에서 나와 생명으로 들어갔다. 하나님은 또한 그녀를 그리스도의 선조인 다윗의 고조모가 되도록 하셔서, 군왕, 구주가 그녀에게서 나오도록 안배하셨다. 이 얼마나 놀라운 구원인가!

8. 신학자들 중 불신파들은 이 책의 10장 12절에서 14절까지의 기록인 해와 달이 정지된 일에 대해서 요나가 삼 일 밤낮을 물고기 뱃속에 있었던 일과 마찬가지로 우스운 신화로 여기고 비평한다. 그러나 우리가 반드시 기억해야 할 것은 이 일이 여호수아가 한 일이라면 물론 믿어지지 않겠지만 이 일은 해와 달과 별을 만드신 하나님께서 하신 일이므로 믿을 수 있다는 것이다. 하박국 3장 11절은 하나님의 큰 능력이 천체의 운행을 멈추게 하였다고 말한다. 과학자인 해리 림머(Harry Rimmer) 박사는 유대인의 달력으로 4월 11일(양력 7월 22일)에 만일 해가—사람의 육안으로 보기에—기브온(북위 31도 51분)에서 멈춘 것이라면 달은 아얄론 골짜기에 있었고 이것은 매우 정확하다고 증명했다. 트로터(C.1. Trotter) 교수는 1890년에 한 권의 전문 서적을 저술했는데 정밀한 천문계산으로 지구의 규칙적인 운동에 비추어 보면 24시간의 차이가 난 것을 증명했다. 즉 24시간이 뒤떨어졌고 이것은 '해가 중천에 머물러 종일토록 지지 않았다.' 라는 기록에 부합하는 것이다.

9. 만일 이스라엘 백성이 가나안 사람을 진멸했다면 완전한 유업을 얻어서 영원한 안식을 누릴 수 있었을 것이다. 그러나 이스라엘 백성은 단지 일시적으로 얻은 승리와 유업에 만족하고 오로지 일시적인 평안을 탐내며 대적의 노역을 이용하려고 했기 때문에 하나님의 분부대로 그들을 완전히 소멸시키지 않았다. 이것 때문에 훗날 이스라엘 백성은 유업과 평안을 잃어버리고 하나님께 죄를 짓는 요소를 만드는 결과를 초래하였다. 이것은 오늘날 우리 믿는 이에게 어떠한 교훈이 되어야 하겠는가?

Ⅵ. 메시지

1. 이 책의 주요한 메시지는 하나님은 신실하신 분이시라는 것이다. 그분은

그분의 백성에게 약속하셨고, 그분은 신실하시기 때문에 결국 그분의 약속대로 그들을 가나안 땅에 들어가도록 인도하셨다.

2. 두 번째 메시지는 하나님은 공의로우시다는 것이다. 그러므로 그분은 죄를 미워하고 또한 반드시 죄를 징벌하신다. 그분께서 이스라엘 백성이 아이 성에서 실패하도록 하시고, 가나안 일곱 족속이 멸망당하도록 한 것은 모두 그분의 공의가 죄를 징벌한 결과이다.

Ⅶ. 핵심 단어, 핵심 구절

1. 핵심 단어
   (1) 일어나
   (2) '…으로 가라' (1:2)이다.

2. 핵심 구절
   (1) "내 종 모세가 죽었으니 이제 너는 이 모든 백성과 더불어 일어나 이 요단을 건너 내가 그들 곧 이스라엘 자손에게 주는 그 땅으로 가라 내가 모세에게 말한 바와 같이 너희 발바닥으로 밟는 곳은 모두 내가 너희에게 주었노니"(1:2-3)
   (2) "이와 같이 여호수아가 여호와께서 모세에게 말씀하신 대로 그 온 땅을 점령하여 이스라엘 지파의 구분에 따라 기업으로 주매 그 땅에 전쟁이 그쳤더라"(11:23)
   (3) "여호와께서 그들의 주위에 안식을 주셨으되 그 조상들에게 맹세하신 대로 하셨으므로 그들의 모든 원수들 중에 그들과 맞선 자가 하나도 없었으니 이는 여호와께서 그들의 모든 원수들을 그들의

손에 넘겨 주셨음이니라 여호와께서 이스라엘 족속에게 말씀하신 선한 말씀이 하나도 남음이 없이 다 응하였더라"(21:44-45)

Ⅷ. 분석

이 책은 4단락—들어감, 정복, 분배, 고별로 나누어진다.

1. 들어감(1-5장)
   (1) 여호수아에 대한 하나님의 부르심(1:1-9).
   (2) 이스라엘 백성에 대한 여호수아의 요구(1:10-15).
   (3) 백성의 지극히 성실한 대답(1:16-18).
   (4) 두 사람의 정탐꾼과 라합(2장, 참고 히 11:31, 약 2:25).
   (5) 요단 강을 건넘(3장, 참고 롬 6:6-11).
   (6) 두 종류의 기념물(4장) : 하나는 강에서 취하여 길갈에 세워진 12개의 돌이고, 다른 하나는 12개의 돌이 강 밑바닥에 남아 있는 것이다. 후자는 우리의 위치에 서서 대신 심판을 받으신 그리스도의 죽음을 예표하고, 전자는 심판에서 벗어나도록 우리를 완전히 구원하신 그리스도의 부활을 예표한다.
   (7) 대적의 반응(5:1).
   (8) 이집트에서 받은 수치를 없애 버리심(5:2-9) : 할례는 하나님과 아브라함이 세운 언약의 표시이며, 이스라엘 백성이 땅에서 만민과 분별되는 표시이다. 이스라엘 백성이 이집트에서는 이렇게 하지 않았는데(출 4:24-26) 이러한 분별의 증거를 잃어버림이 바로 '이집트에서 받은 수치'인 것이다. 마찬가지로 오늘날 믿는 이가 분별의 증거를 잃어버린다면 수치인 것이다.

(9) 새로운 음식(5:11-12).

(10) 여호와 군대의 사령관(5:13-15) : 다음을 주의하라.

1) 여호수아는 그분께서 도와주시는 분이시기를 바랐으나 그분은 주님이 되셨고 사령관이 되셨다.

2) 여호수아는 그분께서 주님이심을 인정했고 엎드려 경배하였으며 종의 위치에 서서 분부를 기다렸다.

2. 정복(6-12장)

(1) 여리고의 정복(6장) : 사람의 무력이 아닌 하나님의 능력임.

(2) 아이 성에서 좌절에 부딪힘(7장) : 죄가 유일한 원인이다. 비록 아간 한 사람이 범죄했지만 하나님은 도리어 "이스라엘이 범죄하여 내가 그들에게 명령한 나의 언약을 어겼으며 … 그러므로 이스라엘 자손들이 그들의 원수 앞에 능히 맞서지 못하고 … "(7:11-12상)라고 하신다.

(3) 아이 성의 정복(8:1-29).

(4) 에발 산에서의 섬김과 선포(8:30-35).

(5) 기브온 사람과 언약을 세움(9장).

(6) 승리함

1) 기브온에서(10:1-27).

2) 막게다에서(10:28-43).

3) 메롬에서(11장).

(7) 정복당한 여러 왕들의 명단(12장).

3. 분배(13-22장)

(1) 여호수아에 대한 하나님의 메시지(13장).

(2) 땅의 분배(14-21장) : 다음을 주의하라.

1) 헤브론(연합, 교통)은 갈렙의 유업이 되었는데, 그것은 그가 충성스럽게 하나님을 따랐기 때문이다(14:14).

2) 여호수아는 맨 마지막으로 유업을 받았으며 그는 딤낫세라를 선택하였다. 그 땅은 아무도 원하지 않았던 불모지였다(19:50).

(3) 두 지파와 반(半) 지파의 잘못(22장).

4. 고별(23-24장)

(1) 여호수아의 최후의 말.

1) 장로, 족장, 재판장, 관리들에게(23장).

2) 모든 백성에게(24:1-28).

(2) 여호수아의 죽음(24:29-31).

(3) 요셉의 매장과 엘르아살의 죽음(24:32-33).

제7장

사사기

Ⅰ. 책명

이 책을 사사기라고 명명한 이유는 하나님께서 수많은 사사를 일으키셔서 그분의 백성을 다스리셨고 또한 그들을 대적의 손에서 벗어나도록 구원하신 것을 기록하였기 때문이다.

Ⅱ. 사사(士師)

1. 여호수아가 죽은 이후부터 사울이 왕이 될 때까지의 시기를 사사 시대라고 부를 수 있다. 이 기간 동안 이스라엘 백성은 가나안 땅에 남아 있는 일곱 족속을 완전히 쫓아내고 멸할 수 없었으며 그 필연적인 결과로서 그들은 점점 하나님을 버리고, 이방인의 풍속을 따랐으며, 이방인과 결혼하였고, 다른 신을 섬겼다. 그러므로 하나님은 그분께서 이전에 여러 차례 경고하셨던 말씀에 따라서 그들을 이방인의 손에 넘겨주셨다. 그러나 그들이 회개하자 하나님은 곧 그들의 기도를 들어 주셨고 사사를 통하여 그들을 구원하셨다. 거의 이것—하나님을 버림→이방인의 손에 넘어감→회개함→구원을 얻음→하나님을 버

림—은 이 책에 있는 특별한 공식이다. 이러한 순환의 반복은 7번 정도 계속되었다.

2. 이 책에서 언급한 사사는 13명이다. 옷니엘(3:9), 에훗(3:15), 삼갈 (3:31), 드보라(4:4), 바락(4:6), 기드온(6:12), 돌라(10:1), 야일(10:3), 입다(12:7), 입산(12:8), 엘론(12:11), 압돈(12:14), 삼손(15:20)이다. 아비멜렉은 결코 하나님께서 일으키신 사사가 아니라 왕위를 찬탈한 악한 독재자였다. 이외에도 사사 시기에 이 책에 언급되지 않은 사사가 있다. 엘리(삼상 4:18), 사무엘(삼상 7:13), 요엘과 아비야(삼상 8:2) 등이 모두 그 예이다.

Ⅲ. 저자

이 책의 저자는 분명하지 않다. 그러나 마지막 몇 장 가운데 "그때에는 이스라엘에 왕이 없었으므로"(17:6, 18:1, 19:1, 21:25)라고 4번이나 언급했다. 그러므로 이 책은 이스라엘 백성 가운데 왕이 있은 후에 쓰인 것이고, 마지막 사사인 신언자 사무엘이 쓴 것으로 여겨진다. 많은 성경 해석가들도 이와 같은 견해를 가지고 있다.

Ⅳ. 시간과 장소

1. 이 책이 포함하고 있는 시간은 305년, 주전 1425년부터 주전 1120년까지이다. 전체 사사 시대는 약 450년으로 마치 사도행전 13장 20절에 기록된 "그 후 신언자 사무엘 때까지 약 사백오십 년 동안 사사들을 주셨습니다."와 같다.

2. 모든 사건은 가나안 땅에서 발생하였다.

Ⅴ. 성질

1. 이 책은 한 권의 비참하고 침통한 역사로서 이스라엘 백성이 가나안 땅을 유업으로 취한 후에도 여러 번 하나님께 득죄하였고 여러 번 왕국이 망한 것을 기록한다. 민수기도 한 권의 비통한 책으로서 이스라엘 백성이 죄로 인해서 광야에서 40년 동안을 표류했음을 기록하고 있으나, 이 책은 더 비통한 책으로서 그들의 실패가 단지 40년이 아니라, 심지어 40년의 10배에 이르렀음을 기록하고 있다.

2. 이 책은 또한 흑암의 역사로서 이스라엘 백성 가운데 있는 여러 악행 곧 하나님을 배반하고, 우상을 숭배하고, 내전이 일어나고, 지파 사이의 대립과 다툼이 있고, '사람마다 자기 소견에 옳은 대로 행하였' 고(17:6, 21:25), 음란을 행하고, 더러운 것을 행하고, 잔혹한 살육을 행한 것 등을 기록하였다. 이 시기가 이스라엘의 역사 가운데서 가장 어두운 부분이었다고 말할 수 있다.

Ⅳ. 주의할 곳

1. 이 책에는 다음과 같은 몇 가지 특이한 일이 있다.
   ⑴ 서술에 있어서 두 개의 시작이 있다(1:1, 2:6)
   ⑵ 가장 오래되고 가장 유명한 비유(9:8-15)
   ⑶ 가장 위대하고 가장 웅장한 승전가(5장)
   ⑷ 성경에 있는 유일한 여 사사(4장)

(5) 우상을 숭배한 첫 번째 제사장(18:30)

2. 이 책 내용의 순서는 결코 시간의 선후에 따라서 배열한 것이 아니다. 이치대로 본다면 아마도 2장 6절부터 9절까지가 앞에 나와야 하고, 그다음에 1장, 2장 1절부터 5절까지, 10절부터 13절까지, 그다음에 17장부터 21장까지, 마지막으로 2장 14절부터 16장까지의 순서이어야 할 것이다. 그러나 이 책은 다음과 같은 순서로 쓰였다.
   (1) 이스라엘 백성이 하나님을 신뢰함
   (2) 이스라엘 백성이 하나님을 버림
   (3) 이스라엘 백성이 당한 결과

3. 하나님께서 일으키신 사사 중 어떤 이는 출신이 가난하고 어린 이이고(6:15), 어떤 이는 여자이다(4:4). 그러나 여호와의 영이 그들에게 내리자(3:10, 6:34, 11:29, 13:25, 14:6, 19, 15:14) 그들은 곧 강한 대적을 이기고 이스라엘 백성의 구원자가 되었다. 이것은 바로 "만군의 여호와께서 말씀하시되 이는 힘으로 되지 아니하며 능력으로 되지 아니하고 오직 나의 영으로 되느니라"(슥 4:6)라고 말한 바와 같다.

4. 사사기의 내용은 오늘날 교회와 깊은 관계가 있다. 만일 교회가 그리스도께서 왕이 되시지 못하게 하고, 믿는 이 각자의 뜻대로 행하며, 교회가 하나님을 멀리 떠나고, 우상을 섬기며, 당을 지어서 나누고, 종파로서 하나를 대치한다면 … 그 결과는 반드시 이스라엘과 같게 될 것이다.

5. 원래 기드온을 따르던 사람은 32,000명이었는데, 두려워서 떠는 사람들인 22,000명이 배제되었다(7:3). 또한 느슨하고 게으르며 깨어 있지 않은

9,700명도 배제되었다(7:8). 믿는 이도 생활의 작은 일이 그분의 표준에 미치지 못하여 그분의 일에 배제될 수 있다.

6. 삼손의 매번의 실패는 모두 큰 승리와 큰 성공 후에 있었다. 그는 어려서부터 나실인이었는데 나실인의 금기사항이 하나하나 그에 의해서 남김없이 파괴되었다. 즉 세속을 떠나서 여호와께로 돌아와야 함에도 그는 항상 창녀를 가까이했고, 포도주와 독주를 마실 수 없는데도 그는 항상 포도원에 갔었고, 머리를 깎을 수 없었으나 긴 머리카락의 비밀을 다른 사람에게 알려 주었고, 시체를 가까이할 수 없었으나 그는 사자의 시체에서 꿀을 취하였다. 그는 매우 용감하게 원수를 이겼으나 자신을 처리하는 데 있어서 매우 약했다. 그의 결말은 얼마나 비참했는가! 그러나 말씀을 거스르고 믿지 않는 그 시대에 하나님에 대하여 처음부터 끝까지 믿음을 가지고 있었으므로 그는 여전히 믿음의 증인들 가운데 포함되었다(히 11:32).

7. 처음 성경을 읽는 사람은 입다가 자기 딸을 번제로 드리기를 서원한 일(11:29-40)에 대해서 매우 의아해 할 것이다. 어떻게 이렇게 하나님을 사랑하고 경외하는 소녀를 산 채로 불에 태워 번제가 되도록 한단 말인가? 만일 우리가 전후 문장을 자세히 몇 번 보고서 기타 관계된 성경 구절을 참고해 본다면 우리는 이 일의 진실을 보게 될 것이다.
   (1) 입다의 서원은 "그가 여호와께 서원하여 가로되 … 누구든지 내 집 문에서 나를 맞으러 나오는 그는 여호와의 것이 될 것입니다. 혹은 내가 번제물로 그를 드리겠습니다."(11:30-31 원문 참조)이다. 그의 뜻은 만일 하나님께서 대적을 그의 손에 넘겨주시고 또한 그를 평안히 돌아오게 하신다면 무엇이든지—가족, 노예, 소, 양

등—그의 집 문에서 나오는 것을 반드시 여호와께 드리거나 혹은 그가 반드시 그것을 번제로 드리겠다는 것이다. 그의 서원함에는 두 부분이 있고 서로 교체된 것이다. 한 부분은 그것을 여호와께 드리는 것이고 한 부분은 번제로 드리는 것이다. 중국어 화합본 성경에서는 "내가 또한 반드시 그것을 번제로 드리겠습니다."라고 번역하였는데, '또한' 의 원문은 'Vau' 로서 '그리고', '혹은', '그렇지 않으면' 등의 단어로 번역할 수 있다. 서원한 것을 이루는 데 있어서 입다는 그의 서원의 첫 부분에 근거하여 그의 딸을 여호와께 드렸으며 결코 불 태워 번제로 드리지는 않았다.

(2) 사람을 불 가운데로 지나가게 하여 번제로 드리는 것은 하나님께서 미워하시는 것이고 또한 엄히 금하시는 것이다(레 18:21, 20:2-5, 신 12:31, 18:10). 하나님께서 아브라함에게 이삭을 번제로 드리도록 요구하셨던 것은 이러한 도리에 맞지 않고, 그분 자신의 본성에 모순된 요구이기 때문에 아브라함이 불순종하지 않을까 하고 시험하시려 한 것이다. 아브라함은 그럼에도 순종했고, 그가 이삭을 번제로 드리려고 할 때 하나님은 즉시 그를 금지하셨다.

(3) 입다는 율법을 알고 있는 사람이었고, 또한 하나님의 영이 있는 사람이었으며(11:15-27, 29), 믿음의 증인에 포함되었던 사람이다(히 11:32). 따라서 그는 결코 그의 딸을 잔인하게 죽여 번제로 드리는 큰 죄를 범할 수 없었다. 만일 그가 정말 그의 딸을 번제로 드리려고 했다면, 하나님은 결코 그 두 달 동안 침묵만 지키시면서 내버려두시지 않았을 것이다.

(4) 입다가 그의 딸을 보고 마음에 참담함과 괴로움을 느꼈던 것은 결코 그의 딸을 번제로 드려야 했기 때문이 아니라 그녀가 '무남독녀' 였기 때문이었다(11:34). 만일 그가 자기 딸을 여호와께 드려 '처녀로 죽게'

한다면 그는 후사가 끊어져서 뒤를 이을 사람이 없게 되기 때문이었다.

(5) 입다는 아마도 그의 딸을 번제로 드리지 않았을 것이다. 왜냐하면 번제의 제물은 반드시 수컷이어야 하기 때문이다(레 1:3, 10, 창 22:13). 더욱이 그에게는 이 일을 할 수 있는 제단이나 제사장이 없었다.

(6) 11장 39절에서는 특별히 입다가 어떻게 '그 서원한 대로 딸에게 행하였는가'를 설명하고 있는데, 그것은 그가 그때부터 '남자를 알지 못하도록' 한 것이다.

Ⅶ. 메시지

1. 이 책에서는 사람에게 하나님을 배반하고 멀리 떠나는 경향이 있음을 설명하고 있다. 이것은 마치 이스라엘 백성이 하나님의 큰 능력의 구원을 받아서 이집트에서 나왔고, 또 그분의 놀라운 인도하심을 받아 가나안 땅으로 들어갔어도 여전히 하나님을 배반하고 멀리 떠나게 되었던 것과 같다.

2. 이 책에서는 또한 하나님께서 공의로우심과 죄는 반드시 징계하심에 대해서 말한다.

3. 이 책에서는 하나님의 은혜와 신실하심을 말하고 있다. 이스라엘 백성이 진심으로 회개하고 하나님께 구하기만 하면 하나님은 그들의 기도를 들으시고, 그들을 구원하셔서 원수의 손에서 벗어나게 하시고, 심지어 일곱 번 배반해서 일곱 번 노예가 되었어도 일곱 번 회개하므로

일곱 번 구원하셨음을 말한다.

Ⅷ. 핵심 단어, 핵심 구절

1. 핵심 단어 : '구원' (2:18)

2. 핵심 구절

(1) "그때에 이스라엘에 왕이 없으므로 사람이 각기 자기의 소견에 옳은 대로 행하였더라"(21:25)

(2) "애굽 땅에서 그들을 인도하여 내신 그들의 조상들의 하나님 여호와를 버리고 다른 신들 곧 그들의 주위에 있는 백성의 신들을 따라 그들에게 절하여 여호와를 진노하시게 하였으되 곧 그들이 여호와를 버리고 바알과 아스다롯을 섬겼으므로 여호와께서 이스라엘에게 진노하사 노략하는 자의 손에 넘겨 주사 그들이 노략을 당하게 하시며 또 주위에 있는 모든 대적의 손에 팔아 넘기시매 그들이 다시는 대적을 당하지 못하였으며 그들이 어디로 가든지 여호와의 손이 그들에게 재앙을 내리시니 곧 여호와께서 말씀하신 것과 같고 여호와께서 그들에게 맹세하신 것과 같아서 그들의 괴로움이 심하였더라 여호와께서 사사들을 세우사 노략자의 손에서 그들을 구원하게 하셨으나"(2:12-16)

Ⅸ. 분석

이 책은 서언, 타락의 역사, 부록의 3단락으로 나누어진다.

1. 서언-하나님을 신뢰함(1장-2:5)

이스라엘 백성의 시작은 좋았고, 하나님을 앙망하고, 하나님을 신뢰하였으나 애석하게도 이것은 계속되지 않았다.

(1) 하나님께 여쭘(1:1–2).

(2) 유다가 제비를 뽑아 얻은 땅에서 싸우기 시작함(1:3–4).

(3) 아도니 베섹의 사로잡힘(1:5–7).

(4) 수많은 부분적인 승리(1:8–36).

(5) 보김에서의 하나님의 책망과 경고(2:1–5).

2. 타락사—하나님을 버림(2:6–16장)

이스라엘 백성은 타락하기 시작하여 하나님을 버렸다. 2장 6절부터 23절까지는 이스라엘 백성의 타락사의 개요이다. 앞뒤로 일곱 번 배반하였고, 일곱 번 노예가 되었으나 그들이 회개하고 하나님을 향하여 부르짖을 때, 하나님은 곧 사사를 일으켜서 그들을 구원하셨다. 모든 경과를 아래의 표로서 나타낼 수 있다.

배반	성경	정복자	기간	구원자와 사사
제1차	3:1–11	메소보다미아 왕 구산 리사다임	8년	옷니엘
제2차	3:12–31	모압왕 에글론과 블레셋 사람	18년	에훗, 삼갈
제3차	4–5장	가나안 왕 야빈	20년	드보라, 바락
제4차	6–8:32	미디안 사람	7년	기드온
제5차	8:33–10:5	내전으로 서로 죽임		돌라, 야일
제6차	10:6–12장	암몬 사람과 블레셋 사람	18년	입다, 입산, 엘론, 압돈
제7차	13–16장	블레셋 사람	40년	삼손

3. 부록(17장-21장)

(1) 종교의 혼란(17-18장).

(2) 도덕의 혼란(19장).

(3) 지파 간의 혼란(20-21장).

제8장
룻기

Ⅰ. 책명

1. 이 책의 내용은 모압 여자 룻의 기록이기 때문에 '룻기' 라고 부른다.

2. 성경 가운데 두 권의 책—룻기와 에스더—은 여자 이름을 취한 것이다. 두 권 모두 역사책이다. 룻은 이방 여자로서 유대인에게 시집을 갔고, 에스더는 유대인 여자로서 이방인에게 시집을 갔다.

Ⅱ. 저자

이 책의 저자는 확실하지 않다. 그러나 1장 1절의 '사사 시대에' 와 4장 22절의 '이새는 다윗을 낳았더라' 의 두 마디에서 우리는 룻기도 사사기와 같이 이스라엘 백성에게 왕이 있게 된 후에 쓰인 것으로 단정할 수 있으며, 신언자 사무엘이 썼을 가능성이 높다.

Ⅲ. 사사기의 부록

이 책의 사실은 사사기의 일부분이므로 사사기의 부록이라고 칭한다. 사사기는 어둡고 침통한 역사이므로 읽는 이로 실망과 탄식을 느끼게 한다. 그러나 이 책을 읽을 때 사람으로 탄성과 감동을 느끼게 하는 것은 룻의 이야기가 마치 사사 시대라는 사막 가운데 오아시스이며, 어두운 밤의 샛별과 같기 때문이다.

Ⅳ. 시간과 장소

1. 이 책의 내용이 포함하고 있는 시간은 약 11년(1:4, 4:13)으로 주전 1322년부터 주전 1312년까지이다.

2. 사건의 발생지는 모압 땅과 가나안 땅이다.

Ⅴ. 문학적 가치

이 책은 풍성한 영적 의미를 포함하고 있는 것 외에도 뛰어나고 아름다운 문학적 가치가 있다. 18세기 당대의 문학적 권위가 있는 어떤 문학가가 있었다. 어느 날 그는 그의 문학 친구들에게 한 수의 서경시(敍景詩)를 소개하면서 낭송해 주었다. 그들은 모두 그 시가 그의 최근의 걸작이라고 생각했다. 모두 큰 소리로 그 시의 우아함과 간결함, 정열적임 그리고 아름다움을 찬미할 때, 이 문학가는 "이 시는 나의 작품이 아니고 여러분이 평소에 경시하던 성경 가운데 있는 룻기에 있는 이야기입니다."라고 말했다. 확실히 인류 문학사상 룻기 1장 16, 17절에서 그녀가 시어머니에게 한 말보다 더 아름답고, 더

정열적인 미사여구를 찾기가 쉽지 않다.

Ⅵ. 주의할 곳

1. 이 책의 하나의 중요한 목적은 다윗 왕과 주 그리스도의 계보를 거슬러 올라가는 것이다(참고 마 1:5, 16). 뜻밖에 이방 여자가 그녀의 정확한 선택으로 말미암아(1:16-17) 왕의 증조할머니가 되었을 뿐만 아니라, 우리의 주님도 사람으로 말한다면 그녀의 후손이다.

2. 이 책은 확실히 사랑의 책이다. 그러나 이 책에서는 특별히 사랑의 능력이 모든 어려움을 이길 수 있다는 것을 증명한다. 이 책은 근본적으로 젊은 남녀의 사랑 이야기를 말하고 있지 않고, 어느 젊은 과부가 그녀의 시어머니를 떠나 다른 길로 갈 수 있는 기회가 있었음에도 불구하고 시어머니에 대한 변함없는 사랑과 충성으로 인해 떠나지 않은 것을 말한다.

3. 이 책은 혼인이 얼마나 귀한 일인지를 말한다(히 13:4). 보아스는 본래 룻을 취할 수 있었으나, 유대인의 규례에 의하여 그는 반드시 더 가까운 친척이 포기하기를 기다린 후에야 비로소 합법적인 결혼을 할 수 있었다. 4장 11절부터 17절까지의 기록—모든 백성, 장로들의 간증과 축복, 보아스가 정식으로 룻을 취함—은 우리 모두에게 혼인이 얼마나 신성하고 고귀한 생활인지를 볼 수 있게 한다.

4. 기근은 결코 하나님을 버리고 이방으로 옮겨가는 근거가 될 수 없다. 배반 후에는 재앙과 불행이 뒤따르고, 분별과 되돌아옴 후에는 축복과

안식이 뒤따른다.

5. 오르바(1:4)는 하나님을 원하지 않는 이방인을 예표한다. 아마도 당시에 그녀는 더 좋은 길과 운명을 찾았던 것 같다. 그러나 몇 십 년의 세월이 흐르자 끝나 버렸고, 오늘날 땅에서 그녀를 기억하는 사람은 한 사람도 없다. 룻은 하나님을 원하는 이방인을 예표한다. 매우 가난한 과부였던 시어머니를 따라 멀리 타향(他鄕)으로 가서 당시에는 앞길이 막막했지만 오래지 않아 그녀는 축복을 받고 안식을 얻었고, 오늘날까지 이 땅에 있는 수천만의 사람들이 그녀를 기념하고 있다.

6. 보아스는 그리스도를 예표한다. 왜냐하면,

(1) 그리스도는 추수하는 주님이시기 때문이다(2:3-4).

(2) 그분은 하나님-사람, 우리의 친족(3:12, 레 25:25), 우리의 구속자이시기 때문이다.

(3) 그분은 큰 능력이 있는 분이시다(2:1절의 '재력이 있는 사람'은 '부유한 큰 능력자' 혹은 '용감한 큰 능력자'라고 번역할 수 있다.) 우리에게 본래 더 가까운 친족인 인류가 있었으나 그러나 그는 큰 능력자가 아니고 우리를 구속할 힘이 없었다(3:12, 4:6).

(4) 그분은 우리를 관심하고 은혜로 대하시는 분이시다(2:5).

(5) 우리가 그분의 못 박힌 발 앞에 회개하고 그분의 붉은 옷자락의 사랑으로 우리를 가리어 주시기를 구할 때, 그분은 얼마나 빨리 응답하시고, 우리에게 사랑의 말을 하시며, 축복을 우리에게 부어 주시는지(3장).

(6) 그분께서 우리를 구속하셔서 우리가 그분과 연합되게 하셨고, 그 이후로 우리도 다른 사람의 축복이 되었다(4:15-22).

7. 룻은 율법에 의해서 멀어졌던 이방인—더우기 모압 사람(신 23:3)—인데 은혜로 인하여 열납되었음을 예표한다. 그것은 그녀가 본래 고향을 멀리 떠나온 나그네이기 때문에 매우 빈곤했고 조금도 소망이 없었는데, 보아스 앞에서 은혜를 입고 구속을 받아서 혼인을 통하여 그와 연합되었기 때문이다. 우리도 영적인 사실에 있어서 이와 같은 체험이 있지 아니한가?

Ⅶ. 메시지

이 책의 메시지는 구속과 하나 됨을 통해서만 사람은 참안식을 얻을 수 있다는 것이다.

Ⅷ. 핵심 단어, 핵심 구절

1. 핵심 단어

⑴ '안식(安息)' (1:9, 3:1)(원문 참조, 개역 개정은 1장 9절이 '위로'로 번역됨)

⑵ '구속(救贖)' (4:4, 6)(원문 참조, 개역 개정은 '무름'으로 번역됨)

2. 핵심 구절

⑴ "룻이 이르되 내게 어머니를 떠나며 어머니를 따르지 말고 돌아가라 강권하지 마옵소서 어머니께서 가시는 곳에 나도 가고 어머니께서 머무시는 곳에서 나도 머물겠나이다 어머니의 백성이 나의 백성이 되고 어머니의 하나님이 나의 하나님이 되시리니"(1:16)
"그들이 소리를 높여 다시 울더니 오르바는 그의 시어머니에게 입

맞추되 룻은 그를 붙좇았더라"(1:14)

(2) "그의 이웃 여인들이 그에게 이름을 지어 주되 나오미에게 아들이 태어났다 하여 그의 이름을 오벳이라 하였는데 그는 다윗의 아버지인 이새의 아버지였더라"(4:17)

Ⅸ. 분석

핵심 단어 '안식'에 근거하여 이 책은 4단락—안식을 잃어버림, 안식을 얻기를 바람, 안식을 구함, 안식을 얻음—으로 나누어진다.

1. 안식을 잃어버림(1:1-5)

(1) 기근 때문에 하나님께서 지정하신 땅을 떠남(1-2절).

(2) 하나님께서 계시지 않는 곳에서 하나님의 백성이 안식을 얻는다는 것은 불가능하다. 반대로 재앙과 불행을 얻을 뿐이다(3-5절).

2. 안식을 얻기를 바람(1:6-22)

(1) 고통스런 10년이 지난 후에 나오미는 가나안 땅으로 돌아가려고 결정했고 안식을 얻기를 바랐다(6-7).

(2) 오르바의 선택(8-14).

(3) 룻의 선택(15-18).

(4) 온 성 사람들은 나오미를 보고 놀라 떠들었을 뿐 그녀를 동정할 수도 없었고 더욱이 안식을 줄 수도 없었다(19-21절). 오직 보아스만이 할 수 있었다.

3. 안식을 구함(2, 3장)

⑴ 나오미의 집안의 친척인 보아스(2:1-4).

⑵ 룻이 이삭을 줍다(2:5-7). 이삭을 줍는 것은 당시의 합법적인 풍속이었다(레 19:9, 23:22, 신 24:19).

⑶ 보아스의 은혜의 말(2:8-13).

⑷ 보아스의 은혜로운 후대(2:14-16).

⑸ 룻의 효행(2:17-23).

⑹ 룻은 시어머니의 분부에 따라 보아스에게 '구속'을 청함(3장).

⑺ 3장 7절의 "룻이 가만히 가서 그의 발치 이불을 들고 거기 누웠더라"도 당시의 합법적인 풍속이었다.

4. 안식을 얻음(4장)

⑴ 보아스는 공의로운 절차로 이 일을 처리했다(4:1-8).

⑵ 보아스가 룻을 아내로 취하다(4:9-13).

⑶ 나오미가 기쁨과 안식을 얻다(4:14-17).

⑷ 룻에게 가장 큰 상은 왕이 그녀에게서 나왔다는 것이다(4:17-22).

제9장
사무엘상

Ⅰ. 개략

1. 사무엘상하는 히브리어 성경에서는 원래 한 권이며 상하로 나누어지지 않았다.

2. 이 책의 대부분(1-24장)은 사무엘이 쓴 것이고, 그 뒷부분은 신언자 나단과 갓이 쓴 것이다(대상 29:29).

3. 사무엘이 이 책의 대부분을 썼고 또한 주요 인물이기 때문에 '사무엘서' 라고 부른다.

Ⅱ. 성질

1. 이 책에 기록된 역사는 엘리부터 사울이 전쟁에서 죽을 때까지로, 포함하고 있는 시간은 주전 1171년부터 주전 1056년까지인 약 115년이다.

2. 이 책은 역사서 가운데 가장 사람의 흥미를 일으키는 한 권이다. 그것

은 이 책이 단지 역사서일 뿐 아니라 또한 사람을 감동시키는 전기이고, 그 속에는 사무엘의 어린 시절, 다윗이 골리앗을 이긴 이야기, 다윗과 요나단 등과 같은 많은 생동감 있는 개인 역사가 있기 때문이다.

Ⅲ. 영적 용어

이 책에는 많은 영적 용어가 있다.

1. '만군의 여호와' (1:3 원문 참조) : 전체 성경 가운데 '만군의 여호와' 가 약 281번 사용되었고, 이곳 3절이 첫 번째로 사용된 곳이다. 이것은 하나님은 큰 능력이 있으신 분이요 하늘 위에 모든 군대의 주님이심을 말한다. 이 명칭은 하나님의 백성이 환난을 만나고 박해를 받을 때 얼마나 위로와 도움이 되는가!

2. 이 책에서 어느 여인이 첫 번째로 '메시아' (2:10 원문)란 명칭을 사용하고 있다. '메시아' 의 뜻은 기름 부음받은 이, 또한 신약의 '그리스도' 이다. 그녀는 기도 중에 우리의 주님을 예언했다.

3. '이가봇' (4:21)은 또 하나의 중요한 명사이다. 이것은 실로 오늘날 교회의 경종(警鐘)으로서, 복음 사역이 흥왕하고, 인수가 날로 증가하고, 외형이 아름다울지 모르지만, 그러나 '이가봇' —하나님의 영광이 떠난 것—일지도 모른다.

4. '에벤에셀' (7:12)의 뜻은 '여호와께서 지금까지 우리를 도우셨다' 이다. 하나님의 자녀들이 그분의 은혜를 계산할 때 이 이름에 공감할 것이다.

5. 신언자의 원래 명칭은 '선견자'(9:9)이다. 이 이름에 포함된 뜻은 신언자는 단지 일을 사전에 아는 은사가 있을 뿐 아니라, 그 자신도 반드시 먼저 하나님을 인식하고 먼저 이상을 본 체험이 있어야 한다는 것이다.

Ⅳ. 주의할 곳

1. 사무엘은 하나님께서 세우신 신언자이다(3:19-21). 과거에는 제사장이 중요한 지위를 차지하고 있었으므로 백성이 하나님을 섬기고, 하나님께 가까이 나아가려면 반드시 제사장을 통하지 않고는 안 되었다. 하나님께서 사무엘을 신언자로 세우시고, 제사장 엘리가 죽은 후부터는 제사장은 더 이상 중요한 지위를 차지하지 못하고 신언자가 일어나서 제사장의 일을 대신했다. 백성이나 왕이 하나님의 뜻을 알려면 반드시 신언자를 통해야 했다(신약 시대에는 제사장과 신언자의 특수한 지위는 이미 지나갔다. 왜냐하면 지성소의 휘장이 이미 위에서 아래로 둘로 나누어졌고, 우리는 하나의 새롭고 산 길을 갖게 되어 더 이상 제사장을 통할 필요가 없이 직접 하나님께 가까이 나아갈 수 있게 되었고, 동시에 기름 부음의 가르침이 또한 우리 안에 있으므로 더 이상 신언자를 통하지 않고도 직접 하나님의 뜻을 알 수 있기 때문이다.).

2. 처음 성경을 읽는 사람은 4장 11절에서 하나님의 언약궤를 빼앗긴 일에 대해서 의문을 갖지 않을 수 없을 것이다. 어찌 하나님께서 그분의 언약궤를 이방인의 손에 넘어가도록 하실 수 있단 말인가? 하나님은 이 일을 통하여 두 가지 일을 나타내려고 하신다.
   (1) 하나님의 심판 : 그분은 악을 행한 제사장인 홉니와 비느하스가 적을 대항하는 도구로 그분의 언약궤를 사용하는 것을 용납하실

수 없으시다. 이 일에 있어서 우리는 형식을 멋대로 믿는 것(표적만 믿고 표적의 실재는 믿지 않음)이 얼마나 위험한 일인지를 볼 수 있다.

(2) 그분은 유일한 참 하나님이시다(5장). 언약궤가 비록 이방인의 수중에 넘어갔으나 저주가 즉시 그들에게 임했다.

3. "사무엘이 이르되 여호와께서 번제와 다른 제사를 그의 목소리를 청종하는 것을 좋아하심 같이 좋아하시겠나이까 순종이 제사보다 낫고 듣는 것이 숫양의 기름보다 나으니 이는 거역하는 것은 점치는 죄와 같고 완고한 것은 사신 우상에게 절하는 죄와 같음이라 왕이 여호와의 말씀을 버렸으므로 여호와께서도 왕을 버려 왕이 되지 못하게 하셨나이다 하니"(15:22-23) 그리스도인에 대해서, 특히 하나님의 종들에게 이것은 얼마나 엄중한 가르침인가? 사울은 하나님께서 선택하시고 기름 부으시고 사용하시는 사람으로서, 전쟁에 있어서 그는 대단한 공로가 있었다. 그가 아말렉 사람의 가장 좋은 양과 소 그리고 아름다운 것을 남겨 둔 것은 백성의 뜻에 따른 것이고, 또한 제사를 위한 것이지만 그가 완전히 하나님의 명령에 순복하지 않았기 때문에(15:3, 9) 하나님께서 그를 버리셨고 달리 그분의 뜻에 합하는 사람을 찾으셨다. 원래 아직 구원받지 않은 사람들에게 하나님께서 하시는 요구는 일체의 다른 것이 아닌 믿음이고, 구원받은 모든 사람들에게 대한 요구는 다른 어떠한 것보다도 순종이다. 우리는 결코 하나님 앞에서 제사나, 봉사나, 일이나, 좋은 마음 등으로 순종을 대신할 수 없다.

4. "여호와께서 사무엘에게 이르시되 그의 용모와 키를 보지 말라 내가 이미 그를 버렸노라 내가 보는 것은 사람과 같지 아니하니 사람은 외모를 보거니와 나 여호와는 중심을 보느니라 하시더라"(16:7). 이 말씀도 우리에 대한 하나의 중요한 가르침이다. 하나님은 외모를 보지 않으신다. 체격이 크

고, 좋고, 아름다워도 그분은 도리어 사람 속의 마음, 곧 안의 실지적인 상태를 보신다. 하나님은 우리 각 사람의 중심을 알고 또한 우리도 우리의 속마음을 안다. 그러나 많은 경우에 우리는 자기 속의 영적인 실재를 넘어서 밖의 일과 업적을 가지고 다른 사람이나 자기를 향하여, 심지어는 하나님을 향하여 과시한다.

5. 이 책에는 기타 영적인 가르침을 포함하고 있다. 예를 들면 다음과 같다.
   (1) 일부다처제가 낳은 고통(1:6).
   (2) 자녀를 가르치지 않은 결과(2:12-17, 22-25, 4:17-18). 이상한 것은 사무엘도 엘리의 전철을 되풀이하게 되었다는 것이다(8:2-3). 참으로 하나님께서 그분의 종들을 긍휼히 여기사 그들의 다음 세대를 주의할 수 있도록 하시길 원한다.
   (3) 이 책에서의 성령의 일은 사람을 새 사람으로 변화시키고(10:6), 사람에게 새 마음을 주며(10:9), 사람에게 하나님의 본성을 갖게 하여 죄에 대해서 의의 분노를 발하게 하고(11:6), 사람으로 용감하고 말도 잘 하게 하며(16:13, 18), 사람을 보호하고 악한 영에게서 벗어나게 하는 것이다(16:14).

6. 이 책에는 또한 몇 군데 이해하기 어려운 곳이 있다. 예를 들면 다음과 같다.
   (1) 16장 18절부터 23절까지에서 다윗은 사울 앞에서 수금을 탔는데, 17장에 와서는 다윗이 골리앗을 죽인 후에 사울은 다윗을 모르는 것같이 다윗을 가리켜 "누구의 아들이냐?"(58절)라고 물었다. 만일 우리가 이 이야기를 여러 번 읽어 본다면 가능한 해답은 다음과 같다.

1) 사울은 자주 악한 영에 들려서 그의 정신과 기억이 결코 정상이 아니었다.

2) 다윗은 이새의 여덟 번째 아들이고 막내이다. 그가 사울 앞에서 수금을 탈 때는 아직 어린 소년이었다. 다윗은 수금을 탄 후에 다시 아버지의 집으로 돌아와서 양을 쳤다(17:12-15). 후에 그가 골리앗을 죽일 때에는 이미 청년이었고, 얼굴의 모양도 이미 변해 있었다.

3) 사울은 "이 청년이 누구의 아들인가?"(17:56)(이는 다윗을 모른다는 뜻이 아니다.)라고 물었고, 그래서 다윗은 "주의 종 베들레헴 사람 이새의 아들이니이다."(17:58)라고 대답했다.

(2) 28장 3절부터 25절까지의 그 귀신을 부르는 여인이 본 것은 사무엘이 아닌가? 우리가 받은 작은 분량에 의하면 그때 올라온 것은 참 사무엘이었다. 그것은 성경을 계시하는 성령께서, 그가 사무엘이고, 그가 말한 것이 사무엘의 말이고, 하나님 옆에 서서 사울을 책망하고 있음을 시인했기 때문이다. 원래 무당이 불러낸 혼은 모두 사악한 영이 위장한 것이고 결코 실지 그 본인이 아니다. 귀신이 지시한 모든 것은 사람이 하나님을 거스르게 하고 귀신을 경배하도록 한다. 다만 이번의 사무엘의 경우는 하나님께서 사울에게 경고하도록 특별히 올라오도록 허락하신 것이다. 그러므로 참 사무엘이 올라온 것을 보고 그 무당은 심히 두려워서 큰 소리로 외쳤다(28:12-14).

V. 메시지

이 책의 주요한 메시지는 바로 책명인 '사무엘'의 뜻과 같이 '기도'이다. ('사무엘'이라는 이름의 뜻은 '하나님께서 기도를 들으시다'이다). 그래서 이 책에는 기도에 관한 이야기가 충만하다. 하나님의 허락하심을 받은 한나의 기도(1:1-28), 이스라엘 백성으로 승리을 얻게 한 사무엘의 기도(7:5-10), 이스라엘 백성이 자기들을 다스릴 왕을 요구했기 때문에 사무엘이 하나님께 간절히 구한 기도(8:5-6), 하나님의 백성을 위해 쉬지 않고 기도하지 않는 것을 죄로 여김(12:23), 시편 기자들과 선언자들은 모두 사무엘이 기도의 사람인 것을 인정했다(시 99:6, 렘 15:1).

Ⅵ. 핵심 단어, 핵심 구절

1. 핵심 단어 : '기도' (7:5)

2. 핵심 구절

(1) "나는 너희를 위하여 기도하기를 쉬는 죄를 여호와 앞에 결단코 범하지 아니하고 선하고 의로운 길을 너희에게 가르칠 것인즉" (12:23)

(2) "여호와께서 사무엘에게 이르시되 그의 용모와 키를 보지 말라 내가 이미 그를 버렸노라 내가 보는 것은 사람과 같지 아니하니 사람은 외모를 보거니와 나 여호와는 중심을 보느니라 하시더라" (16:7)

(3) "사무엘이 이르되 여호와께서 번제와 다른 제사를 그의 목소리를 청종하는 것을 좋아하심 같이 좋아하시겠나이까 순종이 제사보다 낫고 듣는 것이 숫양의 기름보다 나으니 이는 거역하는 것은 점치는 죄와 같고 완고한 것은 사신 우상에게 절하는 죄와 같음이라 왕이 여호와의 말씀을 버렸으므로 여호와께서도 왕을 버려 왕이 되지 못하게 하셨나이다 하니"(15:22-23)

Ⅶ. 분석

이 책은 세 명의 중요한 인물에 따라서 사무엘에 관한 부분, 사울에 관한 부분, 다윗에 관한 부분의 세 단락으로 나누어진다.

1. 사무엘에 관하여(1-7장)

(1) 사무엘의 모친 한나의 기도와 기도가 응답받음(1장).

(2) 한나의 예언을 포함한 기도(2:1-11).

(3) 엘리의 두 불량한 아들-사무엘은 악을 행하는 그들과 함께 살았지만 보호함을 입음(2:12-16).

(4) 이름 없는 하나님의 사람이 엘리(사무엘의 인도자)에게 와서 엄중한 경고를 함(2:17-36).

(5) 하나님께서 엘리를 넘어서 친히 사무엘에게 계시하시고, 그를 가르치심(3장).

(6) 하나님께서 사무엘에게 계시하신 것을 이루심-엘리와 그의 두 아들이 저주를 받음. 또한 언약궤도 그들로 인해 빼앗김(4장).

(7) 언약궤가 블레셋 사람의 저주가 됨(5장).

(8) 언약궤가 돌아옴(6장-7:1).

(9) 사무엘이 하나님께 기도하여 이스라엘로 승리하게 함(7:2-17).

2. 사울에 관하여(8-15장)

(1) 이스라엘 백성들이 왕을 요구하였고, 사무엘이 하나님께 기도하였음(8장).

(2) 사울이 왕으로 선택됨(9장).

(3) 사울이 왕으로 기름 부음받음(10장).

(4) 사울의 첫 번째 큰 승리(11장).

(5) 사무엘의 백성에 대한 공개적인 최후의 말(12장).

(6) 사울의 첫 번째 넘어짐-순종하지 않고 단독적으로 제사를 드림(13:1-14).

(7) 사울의 두 번째 큰 승리(13:15-14장).

(8) 사울의 두 번째 넘어짐-불순종하고 없애 버려야 할 사람과 물건을 임의대로 남겨둠(15장)

3. 다윗에 관하여(16-31장)

(1) 다윗이 선택되어 기름 부음받음(16:1-13).

(2) 다윗이 사울의 수금 타는 이와 병기 드는 이가 됨(16:14-23).

(3) 다윗이 골리앗을 이김(17장).

(4) 다윗과 요나단이 언약을 맺음(18:1-5).

(5) 사울이 질투 때문에 다윗을 죽이려고 시도함(18:6-20).

(6) 다윗의 도망과 유랑(21-30장).

(7) 사무엘의 죽음(25:1).

(8) 사울과 요나단의 죽음(31장)-사울의 군대가 패전한 경과.

1) 활에 맞아 중상을 입음(31:3).

2) 적에게 모욕을 받을까 두려워서 병기 든 이에게 자기를 찔러 죽이도록 명함(31:4).

3) 그러나 병기 든 이가 두려워하여 거절하므로 부득이 자기 칼에 엎드러져 자살하였고 병기 든 이도 역시 자기 칼에 엎드러져 자살하였음(31:4-5).

4) 사울이 아직 죽지 않고 '목숨이 아직 붙어 있는 채르' 칼 위에 엎드러져 있었는데, 후에 어느 아말렉 소년이 와서 그를 죽임(삼하 1:6-10).

제10장

사무엘하

Ⅰ. 유래

이 책을 '사무엘하' 라고 칭하지만 사무엘이 쓴 것은 아니다. 이 책의 저자는 나단과 갓이다. 그 이유는 사무엘상하 두 권이 앞에서 말한 바와 같이 히브리어 성경에서 원래 한 권이었고 "다윗 왕의 행적은 처음부터 끝까지 선견자 사무엘의 글과 선지자 나단의 글과 선견자 갓의 글에 …" (대상 29:29)라고 말하고 있기 때문이다. 후세 사람이 그것을 상하 두 권으로 나누었고 두 권을 같이 '사무엘서' 라고 이름지었다. 또한 어떤 고대 사본은 사무엘상을 '열왕기 제1권', 사무엘하를 '열왕기 제2권', 열왕기상을 '열왕기 제3권', 열왕기하를 '열왕기 제4권' 이라고 지칭했다.

Ⅱ. 시간

이 책에 포함된 시간은 약 38년이고, 주전 1056년부터 주전 1018년까지이다.

Ⅲ. 내용

이 책은 다윗의 일생의 역사 중에서 가장 중요한 부분을 기록하고 있다. 사무엘상은 그의 어린 시절, 부름받음, 고난을 당함, 도망함 등등을 말하고 있다. 열왕기상 제1장과 2장에서는 그의 노년을 말하고 있다. 유일하게 이 책에서만 그가 왕으로 취임하고, 하나님 앞에서 처리받은 것을 기록하고 있다. 성경에서 그의 전기를 이렇게 상세하게 말한 것은 다음과 같은 이유가 있다.

1. 그는 그리스도의 조상이고, 하나님께서 그와 세우신 언약이 모두 그리스도에게서 이루어졌다.

2. 그는 그리스도의 예표이다.

3. 그는 하나님의 마음에 합한 사람이다(삼상 13:14, 행 13:22).

4. 그의 일생이 오늘날의 성도들에게 모두 중요하고도 귀중한 가르침과 위로와 도움을 주고 있다.

5. 그는 하나님의 출구이다(삼하 23:2). 거의 반 이상의 시편은 다윗이 쓴 것이다. 또한 그의 일생의 체험과 결합된 것이다. 그러므로 처음 성경을 읽는 사람들이 시편을 잘 읽으려면 다윗의 전기를 잘 읽어야 한다. 시편 중 어떤 것은 그 시를 쓴 다윗의 상황을 분명하게 묘사하고 있지만, 어떤 것은 설명이 조금도 없기 때문에 우리가 그의 전기와 결합시켜서 비교해 보아야 비로소 알 수 있다.

Ⅳ. 주의할 곳

1. "네가 내 백성 이스라엘의 목자가 되며 네가 이스라엘의 주권자가 되리라."(5:2) 여기에서 보면 첫 번째로 하나님께서 안배하신 왕의 임무는 백성을 목양하는 일이었다.

2. 다윗은 그리스도의 예표이다. 왜냐하면,
   (1) 그는 먼저 목자였고 후에 왕이 되었다. 마치 그리스도께서 첫 번째는 목자로 오셨고, 두 번째는 왕으로 오실 것과 같다.
   (2) 다윗은 일찍이 하나님의 기름 부음받은 이였고 사울은 하나님의 버림을 받았으나, 다윗은 오히려 기꺼이 사울의 공격을 받으면서 즐거운 마음으로 하나님의 때를 기다렸다. 이는 마치 그리스도는 하나님께서 세우신 기름 부음받으신 분이시고 사탄의 종말도 이미 정해졌지만, 그분께서 오늘 아직도 하나님의 때를 기다리고 계시는 것과 같다.
   (3) 다윗은 승리의 왕이다. 골리앗을 이겼고 사방의 대적도 이겼다. 이것은 그리스도께서 십자가 위에서 뱀의 머리를 상하게 하고, 통치자들과 권세자들을 이기신 승리의 왕이 되신 것과 같다(골 2:15).

3. 7장 8절부터 16절까지는 그 유명한 '다윗의 언약'으로 그 안에는 메시아의 예언이 포함되어 있다. 8절부터 12절까지의 말씀은 모두 다윗에게 이루어졌고, 12절부터 16절까지의 일부는 솔로몬과 르호보암에게 이루어졌으며, 전체적으로 그리스도에게서 이루어졌다.
"여호와가 너를 위하여 집을 짓고"(11절)—집은 후손과 자손의 뜻이다. 하나님은 다윗을 은혜로 대하여 그의 집에서 후손을 일으키려고 하셨다.

"내가 네 몸에서 날 네 씨를 네 뒤에 세워"(12절)는 솔로몬을 가리키고 더 나아가서는 그리스도를 가리킨다(마 1:1).

"집을 건축할 것이요"(13절)—솔로몬은 물질적인 성전을 건축하였고, 그리스도는 영적인 성전을 건축하였다(고전 3:16-17).

"나는 그의 나라 왕위를 영원히 견고하게 하리라."(13절)—이 말은 솔로몬에게 이루어지지 않았고 르호보암에게도 이루어지지 않았다. 왜냐하면 솔로몬 이후에 왕국이 분열되었고, 심지어 포로가 되었기 때문이다. 이 말은 그리스도의 보좌와 왕국을 가리켜 말한 것이다.

"나는 그에게 아버지가 되고 그는 내게 아들이 되리니"(14절)—솔로몬을 가리킨 것이 아니라 그리스도를 가리킨 것이다(히 1:5).

"그가 만일 죄를 범하면 내가 사람의 매와 인생의 채찍으로 징계하려니와"(14절)—이 말씀은 단지 솔로몬과 그 이후의 왕들에게만 이루어질 수 있을 뿐 결코 그리스도에게는 이루어질 수 없는 것처럼 보인다. 그러나 그렇지 않다. "그가 만일 죄를 범하면"의 번역은 문제가 있기 때문이다. 히브리어 권위자인 호르스리 주교(Bishop Horsley)와, 클라크(Adam Clarke)등은 다음과 같은 번역을 주장하고 있다. "죄가 그의 몸에 더해질 때 내가 반드시 사람이 사용하는 막대기로 그를 꾸짖고 때리겠다." 확실히 1900여년 전에 인류의 죄가 우리 주님의 몸에 더해졌을 때, 하나님은 사람 막대기와 사람의 채찍으로 그분을 처벌하셨다.

'다윗의 언약'은 하나님께서 다윗에게 맹세하여 세우신 것이다. 다윗의 집안에서 그리스도의 왕국과 보좌만이 영원토록 보존된다는 것이다. 천사 가브리엘도 '다윗의 언약'이 그리스도에게 이루어졌음을 증명하고 있다. 그는 "주 하나님께서 그분께 조상 다윗의 보좌를 주실 것이니, 그분께서 야곱의 집을 영원히 다스리실 것이며, 그분의 왕국이 무궁할 것입니다."(눅 1:32-33)라고 말했다. 과연 다윗의 집안에서, 예루살렘에서 가시 면류관을 쓰고, 갈대로 왕의 지팡이를 삼고, 자색 옷을 입은 사람은 오직 한 분 우리 주 예수님이시다. 그때부터 시작하여 그분의 왕국과 보좌는 영원토록 보존되고 있는 것이다.

4. 므비보셋의 이야기(4:4, 9:1-13, 16:1-4, 19:24-30, 21:7)는 하나의 놀라운 예표이다. 다음 항목들을 주의하라
 (1) 그는 다윗 왕의 원수의 손자이다.
 (2) 그는 왕을 두려워하고 왕을 피했다(창 3:8과 비교).
 (3) 그러나 왕은 그에게 은혜를 베풀었다. 그가 먼저 왕께 구한 것이 아니라 왕이 먼저 그를 찾은 것이다(요일 4:10, 요 15:16과 비교).
 (4) 그는 노예로 자칭했으나 왕은 도리어 그를 아들로 삼았다.
 (5) 또한 그로 항상 왕과 가까이하도록 했고, 함께 좌석에 앉도록 했으며, 그에게 유업을 주었다.
 (6) 왕은 약속 때문에 그가 받아야 할 심판을 사면했다(21장, 여호수아 9장과 비교).

 이러한 것들은 무엇을 예표하는가?

 왕에 대한 므비보셋의 태도는 우리가 주의하고 배울 만한 가치가 있다. 압살롬이 난을 일으켰을 때, 그는 자신이 다리 저는 사람이므로 예루살렘에 남아 있었다. 그는 "왕이 떠난 날부터 평안히 돌아오는 날까지 그의 발을 맵시 내지 아니하며 그의 수염을 깎지 아니하며 옷을 빨지"(삼하 19:24) 아니하였다. 그는 완전히 과부의 마음을 가지고서 왕이 간 후에 어느 한 가지 일도 그의 마음을 만지지 못했고 그의 흥미를 끌지 못했다. 그는 종에게 속임을 당해 유업을 빼앗기고 말 못

할 억울함을 가지고 있었으나, 그러나 그의 마음이 오로지 왕에게 있었으므로 개의치 않았다. 오직 "내 주 왕께서 평안히 왕궁에 돌아오시게 되었으니 그로 그 전부를 차지하게 하옵소서."(삼하 19:30)의 마음만이 있었을 뿐이었다. 그의 마음은 왕에게 있었고 어떤 일도 그의 마음을 왕에게서 떠나게 할 수 없었다. 그의 태도는 욥이 말한 것과 같이 "그가 비록 나를 죽이시겠지만 그래도 나는 그를 신뢰한다."(욥 13:15 직역)는 것이다.

5. 웃사의 이야기(삼하 6:2-8)는 다시 한 번 우리에게 교훈을 준다. 하나님을 섬기는 일은 동기가 얼마나 좋은가? 어떤 절차가 필요한가? 얼마나 효과가 있는가? 얼마나 이익이 있는가? 에 있는 것이 아니라 바로 하나님의 뜻과 정하심이 어떠한지에 있다. 새 수레와 소를 이용하여 언약궤를 운반하는 것은 하나님께서 정하신 방법이 아니다. 하나님은 차라리 언약궤가 외지를 떠돌게 두실지언정 그것을 반드시 레위인이 메어야 하는 규정을 고칠 수 없었다. 비록 유다 지파에 속한 웃사가 손을 내밀어 언약궤가 떨어지지 않도록 붙들었지만, 하나님은 차라리 그것이 땅에 떨어져 산산조각이 날지언정 그것의 거룩히 분별되는 증거를 잃게 할 수는 없었다. 따라서 우리는 봉사에 있어서 웃사의 손이 있는지 주의해야 한다.

6. 11장은 다윗의 일생 중에서 무서운 타락사이다. 그는 간음하고 우리아를 모살(謀殺)하였다. 오직 성경만이 성령의 계시이므로 이와 같은 어두운 죄를 폭로했다. 그렇지 않고서야 어느 일반적인 역사가가 어찌 감히 그 당시의 승리하고 명성이 있는 왕의 오점을 쓸 수 있겠는가? 필경 그 오점을 덮어버릴 것이다. 우리가 주의해야 할 것은,
   (1) 그의 실패는 영적으로 크게 부흥되고(7장), 전쟁에서 크게 승리한(8장, 10장) 이후라는 것이다.

⑵ 다른 사람은 전선에서 싸우고 있는데 그는 여전히 예루살렘에 남아서 해가 서쪽으로 기울면 그제야 침상에서 일어나 왕궁 옥상을 거닐었다.

⑶ 다윗은 교만과 사치 때문에 느슨하였고, 느슨했기 때문에 간음하게 되었다. 간음했기 때문에 속였고, 속였기 때문에 충복을 모살한 것이다. 범죄는 매우 쉽게 연속되어지고, 그만 두려고 해도 안 되는 것이다.

⑷ 큰 능력의 용사, 곧 하나님의 뜻에 합하는 영적인 사람일지라도 하나님의 보호를 떠날 때면 즉시 죄 가운데 빠지는 것을 볼 수 있다. 어떤 성도가 스스로 총명하고 예리한 머리와 강한 의지와 뛰어난 수완과 풍부한 재력을 믿고서 하나님의 보호하심을 필요로 하지 않는다면 그는 세상에서 가장 어리석은 사람일 것이다.

⑸ 하나님의 백성이 범죄하는 것은 그분의 원수로 비방할 기회를 얻게 한다(12:14).

⑹ 하나님은 다윗이 그분의 뜻에 합하는 사람이라고 해서 그의 죄를 추궁하시지 않고 징벌하시지 않는 것이 아니다(12:10-14). 사람이 다윗을 심판했다면 가장 심해야 사형이었겠지만 하나님의 심판은 사형보다 더욱 받기 힘든 것이었다. 그가 다른 사람의 처를 빼앗았으므로 그의 아내들과 자녀들이 더럽힘과 치욕을 당했고, 그가 하나님을 배반하였으므로 그의 아들들도 그를 배반했고, 그가 그의 충복을 팔았으므로 그의 신복이 그를 팔았다. 그가 사람의 생명을 모해하였으므로 그의 네 아들—밧세바와 간음하여 낳은 아들과 암논, 압살롬, 아도니야—의 목숨을 잃었다. 이것들은 그가 행한 것에 대한 공의로운 판결에 부합한 것이었다(12:6). 그뿐만 아니라 그의 양심이 계속 예리한 참소를 받아서 그는 "내가 입을

열지 아니할 때에 종일 신음하므로 내 뼈가 쇠하였도다. 주의 손이 주야로 나를 누르시오니 내 진액이 빠져서 여름 가뭄에 마름같이 되었나이다."라고 말했다(시 32:3-4).

(7) 그가 압살롬 때문에 울 때에 그는 "내 아들 압살롬아 내 아들 내 아들 압살롬아 차라리 내가 너를 대신하여 죽었더면, 압살롬 내 아들아 내 아들아"라고 말하였다(18:33). 그것은 압살롬의 반역과 죽음이 모두 그의 죄의 결과임을 매우 분명히 알았기 때문이다.

(8) 그러나 하나님은 죄에 대해서는 반드시 심판하시고, 회개한 죄인에 대해서는 여전히 은혜로 그의 죄를 용서하시고 없애 주신다(12:13, 시 51편, 32편).

(9) 처음 성경을 읽는 사람은 사울의 죄는 작고 다윗의 죄는 큰데, 하나님께서 사울의 죄는 용서하지 않으시고 다윗만을 용서하심은 불공평하다고 생각할 것이다. 만일 우리가 두 사람을 자세히 비교해 본다면, 사울은 죄에 대해 회개하려 하지 않았고 항상 자기의 변명으로 사무엘의 책망에 반응했던 것을 볼 수 있다(삼상 13:9-12, 15:14-16, 24, 28:15). 비록 그도 '내게 죄가 있다.' 라고 말했으나 이 말은 그가 말문이 막혀서 더 이상 변명할 수 없게 되자 비로소 말한 것이지 결코 참으로 회개를 표시한 것이 아니다. 그러나 다윗은 그렇지 않았다. 그는 죄를 느낄 때마다 한 번도 변명으로 덮어 가리려고 하지 않았다(삼하 24:10). 그는 철저히 죄를 인정했고 또한 절실하게 죄를 통회했다(시 51편). 상하고 통회하는 마음을 하나님은 가볍게 보시지 않는다.

7. 사무엘하 20장은 다윗의 휘하에 있는 한 무리의 충성스럽고 용감한 용사들에 관한 이야기이다. 오늘날 하나님 휘하에 있는 용사들은 어디에 있는가?

8. 24장은 다윗이 백성의 인구를 조사함으로써 하나님께 죄를 지은 이야기로서, 처음 성경을 읽는 사람들에게는 하나의 풀기 어려운 의문이다. 다윗을 부추긴 것은 사탄인가, 하나님인가?(대상 21:1) 백성의 인구조사를 한 것이 어떻게 죄가 되는가? 어떻게 요압이 이 책 중에서 보고한 숫자와 역대상 21장에서 보고한 숫자가 서로 다른가?

사무엘하 24장 1절에서는 "여호와께서 다시 이스라엘을 향하여 진노하사"라고 말한다. 물론 이것은 왕과 백성이 하나님 앞에서 죄가 있기 때문이다. 성경에는 무슨 죄가 있는지 기록하여 밝히고 있지 않으나 우리가 상상할 수 있는 것은 아마도 21장 1절부터 6절까지에 있는 것과 같은 죄이고, 또한 이스라엘 사람이 전쟁에서 이긴 후에 게을러지고, 느슨해지며, 마음이 교만해져서 하나님을 영광스럽게 하지 않은 죄일 것이다. 하나님은 죄를 추궁하시려고 "사탄이 일어나 이스라엘을 대적하고 다윗을 충동하여 이스라엘을 계수하게 하니라."를 허락하신 것이다(대상 21:1).

다윗이 백성을 계수한 것은 죄이다. (1) 왜냐하면 그는 하나님의 명령이나 허가를 받지 않았기 때문이다. 모세가 일찍이 드 번 백성을 계수한 것은 하나님께서 그렇게 하도록 분부하셨기 때문에 죄로 여겨지지 않았을 뿐 아니라 더욱이 하나님을 섬기는 것이었다(민 1:2, 26:2). (2) 아마도 그가 교만하여져서 그의 백성이 번성하고 흥왕한 것을 자랑하였기 때문일 것이다. (3) 아마도 그는 여러 번의 전쟁으로 인해 다치고 죽은 백성이 매우 많아서 그 영향이 큰 것만을 염려하고 하나님의 은혜의 약속(신 1:11, 창 13:16, 민 23:10)과 도움을 잊어버렸기 때문이다. (4) 아마도 그가 '이스라엘과 유다의 인구' (삼하 24:1-2)를 계수할 때 20세 이하의 사람을 포함하여서 백성을 계수함에 있어서 하나님의 지시(대상 27:23-24)하신 것을 위반했기 때문일 것이다. (5) 아마도 그 인수를 계수할 때 각 사람마다 반 세겔의 생명의 속전을 드리지 않았기 때문일 것이다. 이로 인해 계수할 때에 그들 가운데 재앙이 있었다(출 30:11-16). 결국 그가 백성을 계수한 것은 하나의 우매하고도 하나님께 득죄한 일이 되었다.

사무엘하와 역대상에 기록된 백성의 숫자는 차이가 있다. 우리가 사무엘하 24장, 역대상 21, 27장을 잘 읽어보면 약간의 실지 상황을 볼 수 있다. 원래 요압은 왕의 명령에 대하여 못마땅하게 여겼고(대상 21:6) 억지로 명령에 응했다. 아마도 지속적으로 하지 않고 대강대강 일을 했을 것이다. 왕의 계수하려는 대상은 모든 이스라엘 백성이었는데(대상 21:2), 요압이 계수한 바는 칼을 들 수 있는 사람으로서 20세가 되지 않은 사람은 그 안에 포함되지 않았고, 레위인과 베냐민 사람도 포함하지 않았다(대상 21:5-6). 사무엘하 24장의 숫자는 9개월 20일의 작업을 거친 보고이고, 역대상 21장의 숫자는 분명히 9개월 20일간 이후에 이어진 보고이다. 결론적으로 계수의 작업은 완성되지 않았고 또한 다윗 왕의 기록에 쓰일 수 있는 정확한 숫자가 없었다(대상 27:24).

V. 메시지

이 책의 주요한 메시지는 다음과 같다.

1. 무릇 하나님의 약속을 성취하려는 사람은 반드시 인내해야 하고 또한 전적으로 그분을 의지해야 한다(삼하 2:1-4, 5:1-3).

2. 다윗은 은혜로 왕이 되었고 하나님을 떠나자마자 타락했다.

3. 하나님의 공의는 반드시 죄를 징벌하신다(참고 민수기 32:23). 사울의 군대가 망하고 아말렉 소년이 죽음을 당함(삼하 1:10, 16), 아브넬이 피살됨(3:7, 27), 다윗이 범죄한 이후의 가족들의 죽음, 아들의 배반, 신복의 반란(12:10-15), 왕국에 삼 년간 기근이 듦(21장), 백성들 사이에 삼 일간 전염병이 돎 등 이러한 것들은 모두 공의의 하나님께서 죄를 용인하실 수 없으시고 반드시 죄를 징벌하심을 말하고 있다. 그러나 우리는 그분에게는 공의 외에 또한 은혜와 사랑이 있음을 잊지 말고 감사해야 한다(시 30:5). 우리가 진심으로 회개한다면 여전히 깨끗하게 하심과 용서하심을 얻을 수 있다. 물론 마땅히 받아야 할 형벌은 면할 수 없는 것이다(삼하 12:13).

Ⅵ. 핵심 단어, 핵심 구절

1. 핵심 단어 : '목양' (5:2, 7:7)

2. 핵심 구절

(1) "다윗이 여호와께서 자기를 세우사 이스라엘 왕으로 삼으신 것과 그의 백성 이스라엘을 위하여 그 나라를 높이신 것을 알았더라."(5:12)

(2) "다윗이 어디로 가든지 여호와께서 이기게 하셨더라."(8:14)

Ⅶ. 분석

이 책은 크게 다윗의 성공, 다윗의 실패, 부록의 3단락으로 나누어진다.

1. 다윗의 성공(1-10장)

(1) 사울과 그 아들 요나단의 죽음(1:1-16).

(2) 다윗이 애도의 뜻으로 활 노래를 지음(1:17-27).

(3) 다윗이 유다의 왕으로 기름 부음을 받음(2:1-11).

(4) 내전과 승리(2:12-4장).

(5) 다윗이 온 이스라엘의 왕으로 기름 부음을 받음(5:1-5).

(6) 다윗이 예루살렘을 수도로 정함(5:6-16).

(7) 몇 번의 승리(5:17-25).

(8) 다윗이 언약궤를 다시 옮겨 옴(6장).

(9) 다윗이 하나님을 위하여 성전을 건축할 뜻을 가짐(7:1-7).

(10) 하나님께서 다윗과 언약을 세우심(7:8-29).

(11) 몇 차례의 승리(8장, 12:26-31).

(12) 다윗과 므비보셋(9장).

(13) 다윗이 암몬 사람과 아람 사람을 패배시킴(10장).

2. 다윗의 실패(11-20장).

(1) 다윗이 무서운 죄를 범함(11장)

(2) 하나님께서 다윗의 죄를 유죄 판결하심(12:1-13).

(3) 다윗이 죄의 심판을 받음

1) 어린아이의 죽음(12:14-23).

2) 암논의 죄(13:1-22).

3) 압살롬의 반역(13:23-19:43).

4) 세바의 반역(20장).

3. 부록(21-24장)

(1) 다윗이 주님께 구함(21장).

(2) 다윗이 감사함으로 시를 지음(22장).

(3) 다윗의 임종의 말(23장).

(4) 다윗이 이스라엘 백성을 계수한 죄(24장).

제11장
열왕기상

Ⅰ. 개략

1. 이 책은 유다 왕국과 이스라엘 왕국의 여러 왕들의 사적을 기록하고 있으므로 '열왕기' 라고 명했다.

2. 히브리어 성경에는 열왕기상과 열왕기하가 한 권으로 되어 있다.

3. 이 책의 저자는 확실하지 않다. 성경 해석가들 중 어떤 이는 학사 에스라가 썼다고 하고 어떤 이는 신언자 예레미야가 썼다고 한다. 우리는 누가 썼는지를 단정할 수 없지만, 예레미야가 썼을 가능성이 높다. 왜냐하면 (1)이 책을 썼을 때 첫 번째 성전이 아직 있었고(8:8), (2) 이 책의 어법이 상당히 예레미야서의 어법과 같기 때문이다.

Ⅱ. 내용

이 책의 내용은 다윗의 노년, 솔로몬의 취임, 성전 건축, 솔로몬의 노년과 타락, 왕국의 분열, 유다 왕국의 왕—르호보암에서 요람까지—의 기록, 이스라엘 왕국의 왕-여로보암에서 아하시야까지의 기록, 엘리야의 전기를 포함한다.

Ⅲ. 시간

이 책에 기록된 시간은 약 118년—주전 1015년부터 주전 897년까지—이다.

Ⅳ. 주의할 곳

1. 이 책에서의 뛰어난 인물은 당연히 솔로몬이다. '솔로몬' 이란 이름의 뜻은 화평이다. 다윗은 전쟁의 왕이었고, 솔로몬은 화평의 왕이었다(왕상 5:3-4, 대상 22:8-9). 그러므로 솔로몬은 또한 다음 두 방면에서 주님을 예표한다.
   (1) 평강의 왕(사 9:6).
   (2) 영적인 성전의 건축자(고전 3:16-17).

   그는 하나님 앞에서 부귀와 장수를 구하지 않고 오직 백성을 다스리는 지혜를 구했는데, 이것이 하나님께서 기쁘게 받으신 주요한 원인이 되었다. 그가 구한 지혜는 하나님의 뜻을 아는 지혜였으므로 그가 하나님을 대신하여 그분의 백성을 다스릴 수 있었다.

   그의 노년의 실패는 매우 애석한 일이다. 이렇게 절정의 총명한 왕이 많은 이방 여자를 취함으로 인해 그녀들을 따라서 우상을 숭배하고 하나님께 득죄하였다. 그 결과 왕국이 분열되고, 결국 왕국이 망하고 포로가 되었다. 그러므로 하나님의 자녀는 결혼을 하는 것에 신중한 고려를 해야 할 필요가 있다. 어떤 때 우리는 결혼을 통해서 사람을 하나님께로 인도할 수 있다고 생각하지만, 사실은 쉽지 않고 오히려 자주 그 결과가 반대로 되는 것을 볼 수 있다.

2. 성전을 건축하는 과정에서 우리는 많은 가르침을 얻을 수 있다. 이 부분을 읽을 때, 역대상하에 기록된 성전 건축에 관한 기록과 같이 읽으면 좋다.

(1) 성전을 건축하는 것은 마음대로 할 수 있는 것이 아니고 반드시 먼저 하나님의 뜻을 가져야 한다. 다윗은 갈망이 있었고, 준비도 있었고, 역량도 있었고, 재료도 있었다(대상 28, 29장). 그러나 하나님은 결코 그를 선택하지 않으셨다. 그분은 솔로몬이 그분의 이름을 위하여 성전을 건축하도록 정하셨다.

(2) 성전을 건축하는 주요한 하나의 목적이 있는데 그것은 '여호와 하나님의 이름을 위한' 것이다. 다윗과 솔로몬은 모두 성전을 건축하는 것이 그분의 이름을 위한 것임을 충분히 보았던 것이다(왕상 5:3, 5, 8:27-30, 대상 22:6-7, 9). 오늘날 교회와 그리스도인은 모두 영적인 성전이다. 오늘날 교회의 존재와 믿는 이의 생활이 참으로 그분의 이름의 증거와 전파를 위한 것인가?

(3) 성전은 오르난의 타작 마당(아라우나의 타작 마당)에 세워졌는데, 그것은 그 땅이 죄악을 심판함과 회개와 자백과 제사와 속죄와 공의가 만족됨(삼하 24장, 대상 21장)의 이야기를 포함하기 때문이다. 오늘날 하나님의 성전은 유형적이든 무형적이든 모두 이러한 기초 위에 건축되어야 한다. 만일 금전이나 의식이나 고리나 인수의 기초 위에 세워진 것이라면 그것은 하나님의 성전이 아니다.

(4) 열왕기상 5장 17절은 성전의 기초가 크고 진귀한 돌들이라는 것을 말한다. 우리는 또한 그러한 돌들 중에 가장 큰 돌 하나가 시험을 통과하여 기초가 되는 첫 번째 모퉁이 돌이 된 것을 아는데, 이

것은 신약의 성전의 첫 번째 모퉁이 돌이신 그리스도이고, 기타 기초석은 사도와 신언자임을 예표하고 있다(엡 2:20-22, 참고 사 28:16, 시 118:22-23). 우리의 일이 그리스도와 사도와 신언자의 기초 위에 건축되어지고 있는지 아닌지는 심각한 문제이다.

(5) 성전을 건축하는 재료는 금, 은, 동, 철, 나무, 돌 등이다. 이것들은 모두 흙에서 나왔으며, 본래는 더럽고 추악한 것들이다. 어떤 재료는 비싼 값을 치르고 다시 사온 것이며, 어떤 것은 원수의 손에서 빼앗아온 것이고, 어떤 것은 즐거운 마음으로 드린 것이다. 그러나 그 모든 것이 하나님을 거쳐서 거룩하게 분별되었다. 그것들이 재료로서 아직 성전에 들어가기 전, 어떤 것은 반드시 불의 연단을 통과해서 아무것도 섞이지 않은 티 없는 깨끗한 그릇이 되고, 어떤 것은 끌과 줄과 망치로 두드리고 연마하여 일정한 모양의 기초석이나 성벽의 돌이 된다. 어떤 것은 칼과 도끼로 다듬어져 아름다운 기둥이 된다. 각각의 재료는 미리 잘 만들어 놓은 것이다. 그렇기 때문에 성전 안에서 짜 맞출 때 망치나 도끼나 다른 철기의 소리가 들리지 않는다(왕상 6:7).

(6) 성전의 식양은 반드시 하나님께로부터 나와야 한다. 솔로몬의 성전 건축은 자기의 총명한 지혜에 의한 것이 아니라, 하나님의 영이 계시하시고 하나님께서 손수 그리신 식양에 따른 것으로서(대상 28:12, 19) 마치 모세가 회막을 건축할 때 완전히 산에서의 식양에 의거한 것과 같다. 성전의 식양은 결코 바꾸거나 보충할 수 있는 것이 아니다 오직 배역하는 자만이 하나님께서 정하신 것을 바꾸려고 한다.

(7) 우리가 기억해야 할 것은, 성전은 솔로몬 한 사람이 건축한 것일 뿐 아니라 또한 많은 일꾼이 건축한 것이다. 이것은 마치 교회가 그리스도 한 분이 건축하신 것이지만 또한 많은 그리스도인이 함께 참여하는 것과 같다.

3. 성경에는 느밧의 아들 여로보암이 범한 죄가 최소한 20여 번이나 언급되었다. 그 죄는 그와 그의 가족을 땅에서 끊어져 멸망하게 하였고(왕상 13:34), 또한 이스라엘을 원수의 손에 넘겨주어 포로가 되게 하여 먼 곳으로 가게 하였다(14:14-16, 왕하 17:22-23). 그 죄는 전염성이 있어서 수많은 왕들이 여로보암이 한 바를 따라했다. 그 죄는 하나님의 분노를 식게 할 방법이 없었다. 그 죄는 무엇인가? 그것은 뚜렷하게 하나님을 버리고 바알들을 섬긴 것이 아니라 오히려 크게 열심을 내어 하나님을 섬긴 것이다. 그는 하나님을 위해서 신상을 만들었고, 성전을 지었고, 산당을 짓고, 레위 사람이 아닌 보통 사람을 제사장으로 세웠고, 8월 15일을 절기로 정하고 스스로 단에 올라가 제사를 드렸다(왕상 12:25-33). 그의 행동은 매우 타당한 것 같았으나 그것은 하나님께서 정하신 것을 바꾸었고 또한 하나님께서 분부하시지 않은 것이었다. 오늘날 지상에 주님의 신상이 있다. 분쟁으르 인해서 건립된 종파가 있고, 하나님께서 부르시지 않은 일꾼이 있고, 성경적인 근거가 없는 각종 절기 등이 있다. 이러한 것은 모두 느밧의 아들 여로보암이 범한 죄와 비슷한 것이다.

4. 13장에 나오는 하나님의 사람의 이야기는 오늘날의 믿는 이에 대한 엄중한 경고이다. 그는 하나님의 사람이었고, 하나님의 계시와 위임이 있었으며, 그는 하나님의 사명을 완성하고 또한 하나님의 명령을 순종했고 왕의 좋은 대접을 거절했다. 그는 모든 것을 성공적으로 해내었다. 그러나 그의 최후의 결과는 사자에게 물려서 죽음을 당했고 조상의 묘에 들어가지 못했다. 그의 유일한 잘못은 하나님의 말씀을 따른 것보다 사람의 말을 더 따른 것이었다. 만일 하나님께서 어떤 말씀이나 계시나 혹은 인도를 우리에게 주셨다면, 천사나 영적인 사람이나

위대한 교사라고 할지라도 그 누구도 그것을 바꿀 수 없다.

5. 8장 12절에서는 "여호와께서 캄캄한 데 계시겠다."라고 말씀하셨는데, 이 말씀은 수많은 시련 가운데 있는 성도들에게 얼마나 안위가 되는지! 우리가 기억해야 할 것은, 우리가 영적인 어둠 가운데 있을 때 우리는 기뻐해야 한다. 그것은 이 어둠이 우리를 그 안에 가두어서 우리가 그분과 함께 있게 하기 때문이다.

6. 이 책의 17장부터 열왕기하 2장까지는 엘리야의 전기를 기록하고 있다. 엘리야란 이름의 뜻은 '여호와 나의 하나님' 이라는 뜻이다. 왕과 백성이 바알을 경배하던 시대 가운데 이 이름은 얼마나 강한 간증인가! 그의 일생은 다음 몇 개의 명사로 설명할 수 있다. 사르밧, 오바댜, 갈멜 산, 호렙 산, 엘리사, 불수레, 불말 등이다. 그의 일생의 사적 중에서 두 가지 일은 특별히 주의할 만하다.

(1) 그는 기도의 전사이다. 기도는 그에게 있어서 능력의 원천이었고, 성공의 비결이었다. 그는 매우 기도를 잘 할 줄 아는 사람이었다. 그의 기도의 내용은 다음과 같다. 비 오지 않기를 구하였고(약 5:17), 과부의 아들을 살렸고, 불을 하늘로부터 내려서 제물을 불살랐고, 하늘로부터 비가 내리기를 구하였고, 두 번이나 하늘로부터 불을 내려 아하시야 왕이 보낸 군대를 불사르는 등 모두 하나님의 응답하심을 받았다. 그가 하늘로부터 비를 내려주시기를 간구하는 기도에서, 몇 가지 기도에 관한 특징을 찾아낼 수 있다.

1) 하나님의 뜻에 따름(왕상 18:1).

2) 전적으로 구함(약 5:17-18).

3) 간절히 기도함(약 5:17).

4) 경건하고 겸손함(왕상 18:42).

5) 믿음(왕상 18:43-44).

"엘리야는 우리와 같은 심성을 가진 사람이었지만, 그가 비가 오지 않도록 간절히 기도하니, 삼 년 육 개월 동안 땅에 비가 오지 않았으며, 그가 다시 기도하니, 하늘이 비를 주었고 땅이 열매를 내었습니다."(약 5:17-18) 그러므로 하나님은 일반적으로 교회가 황폐하고 고갈되는 상황 아래에 있을 때, 우리 가운데서 엘리야와 같이 하나님께 때에 따른 은혜의 비를 내려 주시도록 구하는 기도의 전사를 일으키기를 원하신다.

(2) 엘리야의 일생 중에도 또한 실패가 있었다. 갈멜 산에서 그는 여호와께서 하나님이시고 바알이 거짓 신임을 증명했고, 바알의 신언자들을 제거했다. 그 이후에도 그는 마땅히 계속 하나님의 일을 하여 아합 왕과 이스라엘 백성이 하나님을 경배하도록 인도해야 했다. 그러나 이세벨의 위협에 견디지 못하고(왕상 19:1-3) 유다 땅으로 도망가서 로뎀 나무 아래에 앉아서 죽기를 구하였다.(4절) 하나님께서 그를 크게 사용하시려고 할 때 그는 도리어 죽음을 두려워하여 도망갔던 것이다. 그 결과 하나님은 별도로 엘리사를 일으키셔서 그를 신언자가 되게 하셨다(19:16-21). 이후에도 한두 번 엘리야를 통해서 아합에게 말씀하셨으나 하나님은 이전처럼 그를 크게 사용하지 않으셨다.

7. 하나님께서 "내가 이스라엘 가운데에 칠천 명을 남기리니"(19:18)라고 하신 이 말씀은 주님 편에 서 있는 성도에 대해서 얼마나 큰 격려와 위로가 되는가! 그는 결코 혼자가 아니고 외롭지 않다. 왜냐하면 주님은 그분 자신의 '칠천 명'을 남겨 두셨기 때문이다.

8. 처음 성경을 읽는 사람은 다윗 왕과 솔로몬 왕 이후의 유다 왕국과 이스라엘 왕국의 역사를 분명히 이해하기 위해서 다음과 같은 표를 만들면 좋다.

유다 왕	구절	기간(年)	현악(賢惡)	이스라엘 왕	구절	기간(年)	현악(賢惡)
르호보암	11:43	17	악	여로보암	12:20	22	악
아비야	15:1	3	악				
아사	15:8-9	41	현	나답	15:25	2	악
				바아사	15:28	24	악
				엘라	16:6	2	악
				시므리	16:10	7일	악
				오므리	16:23	12	악
여호사밧	15:24	25	현	아합	16:29	22	악
여호람	22:50	8	악	아하시야	22:51	2	악

위에 열거된 왕들은 다 이 책에 기록되어 있다. 열왕기하까지 읽는다면 다시 하나의 표를 만들어 이 표의 뒤를 이어갈 수 있다. 우리는 성경 전체를 몇 번 읽고 나서 역대상하와 신언서를 참고하여 더욱 상세하고 완전한 표를 만들어 신언자(어느 왕 시대의 신언자는 누구인가?)나 혹은 큰 사건의 기록 등을 추가할 수 있다.

V. 메시지

1. 이 책의 주요한 메시지는 하나님의 백성들의 땅에서의 왕국이 흥하고 쇠퇴하는 원인을 설명하고 있다. 하나님의 백성이 하나님을 경외할 때 왕국은 흥하게 되고, 그들이 하나님을 버릴 때 왕국도 쇠퇴한다는 것이다.

2. "네 아버지 다윗이 행함 같이" 이 말씀을 주의해야 한다. 이는 왕들이 지켜야 할 가장 낮은 수준의 표준이라고 볼 수 있다(3:14, 9:4, 11:4, 33, 38, 14:8, 15:11). 그러나 애석한 것은 왕들 중에서 이 표준에 도달할 수 있는 사람이 몇 사람 없었다는 것이다.

Ⅵ. 핵심 단어, 핵심 구, 핵심 구절

1. 핵심 단어

⑴ '정직하게 행하여' (15:11)

⑵ '악을 행하되' (15:26)

2. 핵심 구 : "네 아버지 다윗이 행함 같이"

3. 핵심 구절

⑴ "이르되 이스라엘의 하나님 여호와여 위로 하늘과 아래로 땅에 주와 같은 신이 없나이다 주께서는 온 마음으로 주의 앞에서 행하는 종들에게 언약을 지키시고 은혜를 베푸시나이다 주께서 주의 종 내 아버지 다윗에게 하신 말씀을 지키사 주의 입으로 말씀하신 것을 손으로 이루심이 오늘과 같으니이다 이스라엘의 하나님 여호와여 주께서 주의 종 내 아버지 다윗에게 말씀하시기를 네 자손이 자기 길을 삼가서 네가 내 앞에서 행한 것같이 내 앞에서 행하기만 하면 네게서 나서 이스라엘의 왕위에 앉을 사람이 내 앞에서 끊어지지 아니하리라 하셨사오니 이제 다윗을 위하여 그 하신 말씀을 지키시옵소서 그런즉 이스라엘의 하나님이여 원하건대 주는 주의 종 내 아버지 다윗에게 하신 말씀이 확실하게 하옵소서 "(8:23-26)

(2) "네가 만일 네 아버지 다윗이 행함같이 마음을 온전히 하고 바르게 하여 내 앞에서 행하며 내가 네게 명령한 대로 온갖 일에 순종하여 내 법도와 율례를 지키면 내가 네 아버지 다윗에게 말하기를 이스라엘의 왕위에 오를 사람이 네게서 끊어지지 아니하리라 한 대로 네 이스라엘의 왕위를 영원히 견고하게 하려니와 만일 너희나 너희의 자손이 아주 돌아서서 나를 따르지 아니하며 내가 너희 앞에 둔 나의 계명과 법도를 지키지 아니하고 가서 다른 신을 섬겨 그것을 경배하면 내가 이스라엘을 내가 그들에게 준 땅에서 끊어 버릴 것이요 내 이름을 위하여 내가 거룩하게 구별한 이 성전이라도 내 앞에서 던져버리리니 이스라엘은 모든 민족 가운데에서 속담거리와 이야기거리가 될 것이며 이 성전이 높을지라도 지나가는 자마다 놀라며 비웃어 이르되 여호와께서 무슨 까닭으로 이 땅과 이 성전에 이같이 행하셨는고 하면 대답하기를 그들이 그들의 조상들을 이집트 땅에서 인도하여 내신 그들의 하나님 여호와를 버리고 다른 신을 따라가서 그를 경배하여 섬기므로 여호와께서 이 모든 재앙을 그들에게 내리심이라 하리라 하셨더라"(9:4-9)

(3) "엘리야가 모든 백성에게 가까이 나아가 이르되 너희가 어느 때까지 둘 사이에서 머뭇머뭇 하려느냐 여호와가 만일 하나님이면 그를 따르고 바알이 만일 하나님이면 그를 따를지니라 하니 백성이 말 한마디도 대답하지 아니하는지라"(18:21)

Ⅶ. 분석

이 책은 하나님의 백성의 왕국에 근거하여 4단락 곧, 왕국의 견고함, 왕국의 영광, 왕국의 분열, 왕국의 쇠퇴로 나누어진다.

1. 왕국의 견고함(1-2장).

2장 12, 24, 45, 46절을 주의하라.

(1) 다윗의 말년(1:1-4).

(2) 아도니야가 모반하여 스스로 왕이 되려고 함(1:5-10).

(3) 나단과 밧세바의 계략(1:11-31).

(4) 솔로몬이 기름 부음받아 왕이 됨(1:32-53).

(5) 다윗의 유언과 죽음(2:1-12).

(6) 솔로몬의 배반자에 대한 처리(2:13-46).

2. 왕국의 영광(3-10장).

3:12, 13, 4:30, 8:11을 주의하라.

(1) 솔로몬의 혼인—그가 이후에 실패한 주요 원인(3:1-2, 11:1-8과 비교).

(2) 성전 건축 이전의 제사장(3:3-4).

(3) 하나님께서 솔로몬에게 첫 번째 나타나심(3:5-15).

(4) 솔로몬의 지혜(3:16-28).

(5) 솔로몬의 위대함(4장).

(6) 솔로몬이 성전을 건축함(5-8장).

(7) 하나님께서 솔로몬에게 두 번째 나타나심(9:1-9).

(8) 솔로몬의 명성(9:10-10:13).

(9) 솔로몬의 재산(10:14-29).

3. 왕국의 분열(11장 - 12:24).

11:11-13절을 주의하라.

(1) 솔로몬의 배도와 죽음(11장).

(2) 르호보암의 취임과 어리석음(12:1-15).

(3) 왕국의 분열과 여로보암이 10지파의 왕이 됨(12:16-24).

4. 왕국의 쇠퇴(12:25-22장).

14장 25-27절의 엄중한 상징을 주의하라.

(1) 여로보암의 배도와 죽음(12:25-14:20).

(2) 르호보암의 배도와 죽음(14:21-31).

(3) 유다의 여러 왕들(15:1-24).

(4) 이스라엘의 여러 왕들(15:25-16:34).

(5) 아합과 엘리야(17-22장).

제12장
열왕기하

Ⅰ. 개략

1. 이 책은 열왕기상의 연속이므로 열왕기하라고 명명했다.

2. 원래의 히브리어 성경에는 사무엘상하가 1권이고, 열왕기상하와 역대상하도 마찬가지로 모두 상, 하권으로 나누어지지 않는다. 70인역 역자가 구약 원문을 헬라어로 번역할 때 그들은 그 3권의 책을 각기 상하로 나누었다. 그들이 책을 나눈 이유는 헬라어가 차지하는 편폭(篇幅)이 최소한 히브리어보다 1/3이 많아지는데 양가죽의 길이는 제한이 있기 때문에 양가죽을 처리하기에 편리하도록 그 3권의 책을 부득이 각각 상하로 나누었던 것이다.

3. 그러므로 열왕기상하는 긴밀하게 서로 연결되어 있으며 그 중간에 시간의 공백이나 장소의 차이 등이 없다. 열왕기는 다윗 왕의 일을 말하는 것으로 시작해서, 바빌론 왕의 일을 말하는 것으로 끝을 맺는다. 또한 열왕기는 성전 건축의 일을 언급하는 것으로 시작해서, 성전이 불에 타서 파괴되는 것으로 끝을 맺는다. 열왕기는 다윗의 첫 번째 계승

자가 왕위에 오르는 이야기로 시작해서 다윗의 최후의 계승자가 포로 된 가운데서 석방되는 이야기로 끝을 맺는다.

Ⅱ. 내용

1. 이 책은 전 권과 같이 유다 왕들과 이스라엘 왕들의 사적을 기록하고 있으며 중간에 위대한 신언자의 전기를 포함하고 있다.

2. 유다 왕은 아하시야부터 시드기야까지, 이스라엘 왕은 여호람부터 아하스까지이다.

Ⅲ. 시간

이 책의 내용이 포함하고 있는 시간은 약 309년으로 주전 896년부터 주전 587년까지이다.

Ⅳ. 주의할 곳

1. 엘리사에 관하여

(1) 엘리사는 엘리야의 뒤를 계승한 대신언자이다. 그의 이름의 뜻은 '여호와는 구주이시다' 이며 당시대에 대한 하나의 강한 간증이다. 그의 일의 범위는 이스라엘 왕국에 있었다. 비록 왕과 백성이 하나님을 멀리했고 우상을 섬겼지만, 그러나 사랑을 베푸시는 하나님은 여전히 그들 가운데서 신언자를 일으키셔서 가르치시고 그들을 구원하셨다.

(2) 엘리사의 기적은 모두 사랑의 일이었고, 그 스승 엘리야와는 다른 점이 있었다. 엘리사가 한 것은 항상 도움과 구원, 혹은 치료였다. 단지 한 가지 그가 어린아이를(어린아이는 소년이나 청년으로 번역해야 한다.) 저주한 일(2:23-25)은 조금 심했던 것 같다. 사실 그가 이렇게 한 것은 의미가 있다. 왜냐하면 벧엘은 우상 숭배의 중심지였고 여로보암이 만든 금송아지 한 마리가 바로 그곳에 있었다. 아합 왕의 통치 시에 바알의 신좌(神座)도 거기 있었다. 당연히 그 성의 사람들은 모두 우상을 숭배하는 사람들이다. 아마도 그들은 그들의 원수인 엘리야의 계승자 엘리사가 온다는 소식을 듣고서 그러한 우상을 숭배하는 청년들을 보내서 엘리사를 못 오게 하고 비방하고 조롱했던 것 같다. 하나님은 이 일을 용납하실 수 없으셨으므로 어미 곰으로 사십 이 명을 찢어 죽이게 하셨다. "그 조상들의 하나님 여호와께서 그의 백성과 그 거하시는 곳을 아끼사 부지런히 그의 사신들을 그 백성에게 보내어 이르셨으나 그의 백성이 하나님의 사신들을 비웃고 그의 말씀을 멸시하며 그의 선지자를 욕하여 여호와의 진노를 그의 백성에게 미치게 하여 회복할 수 없게 하였으므로"(대하 36:15-16)

(3) 수넴 여인의 아들이 죽자 하나님의 사람이 게하시에게 자기의 지팡이를 들고 어린아이에게로 가서 그 지팡이를 어린아이의 얼굴에 놓으라고 분부했다(왕하 4:29). 우리는 그가 틀림없이 치료했을 것이라고 생각할지 모르나 그렇지 않다. 이후에 엘리사가 친히 몸을 일으켜 그곳에 가서 두 번 그의 몸에 엎드리니 그가 비로소 살아났다. 많은 경우에 우리는 가족, 친척, 친구들도 은혜를 입어서 구원을 얻기를 바란다. 우리는 그들에게 한 권의 성

경이나 구원을 말한 한 권의 책을 주거나 혹은 어떤 전도자를 청하여서 이야기해 주도록 하지만 자신은 몸을 움직이지도 않는다. 그 결과는 대부분 효력이 없는 엘리사의 지팡이이다. 오직 우리 자신이 하나님 앞에서 간절히 기도하고 사람 앞에서 철저한 처리를 해야 하며, 그다음에 간증해야 비로소 죄와 허물로 죽은 사람이 능히 '재채기 하고', '눈을 뜨게' 되며 비밀을 알게 되고 또한 분명히 깨어나게 된다.

(4) 많은 경우에 우리도 또한 하나님의 사람의 종처럼 탄식하여 말하기를 "아아, 내 주여 우리가 어찌하리이까?"라고 한다. 참으로 하나님께서 우리의 눈을 열어 주시어 우리가 주위의 불 말과 불 수레를 볼 수 있게 하시고, 또한 '우리와 함께한 이가 그들과 함께한 이보다 많음'을 보게 하시기를 원한다(6:15-17).

2. 나아만의 이야기(5:1-19)는 구원의 은혜를 포함한다. 그는 능력 있는 용사이고 군대장관으로서 재물이 있고, 권세가 있는 이였다. 사람이 보기에는 그의 생활과 지위가 완전무결하여 한 가지도 부족한 점이 없어 보였다. 그러나 애석하게도 그는 '나병 환자'였다. 이 병은 처음에는 작은 부분에서 시작되지만, 후에는 점점 온 몸으로 퍼져서 마지막에는 죽음에 이르게 한다. 한 시녀의 간증('한 달란트'의 기능, 마 25:15)으로 말미암아 그는 하나님의 신언자를 찾게 되었다. 그는 찾아갈 때에 존귀와 교만으로 하나님의 사람을 굴복시키려고 했다. 그는 또한 풍부한 예물을 가지고 그의 치료와 바꾸려고 생각했다. 그러나 하나님의 사람은 그에게 가장 간단한 지시를 했다. 금전이나 긴 시간을 소모할 필요가 없고 단지 믿고 받아들이기만 하면 치료될 수 있다는 것이다. 나아만의 지혜, 교만, 불신 그리고 자긍심이 그가 치료받는 것을 방해하였다(고전 1:18 참고).

그러나 나중에 그는 겸손하게 믿게 되어 치명적인 병으로부터 치료함을 받았다. 그가 치료받은 이야기는 우리들이 구원받은 과정과 매우 비슷하다.

3. 모압 왕이 맏아들을 번제로 드린 일(왕하 3:27)은 사람들이 이해하기 어렵다. 처음 성경을 읽는 사람은 마땅히 주의를 해야 한다.
   (1) 이 번제는 결코 여호와께 드린 것이 아니다. 왜냐하면 하나님은 사람이 자녀를 번제로 드리는 것을 금지하셨기 때문이다(레 18:2, 신 18:10).
   (2) 이런 야만적이고 잔혹한 제사는 이방의 풍속으로서(왕하 16:3) 모압의 가증한 우상인 그모스(Chemosh)에게 제사한 것이다.
   (3) 그가 성 위에서 맏아들을 죽여서 번제로 드린 것은 그모스의 '구원' 을 강요한 것으로서, 이것은 바알의 선지자가 칼과 창으로 자기를 찌른 것과 같이(왕상 18:28) 모든 우상 숭배하는 이들에게 자기에 대한 동정을 유발시키고 하나님을 섬기는 사람에 대해서 원한을 갖도록 하려는 것이며, 또한 자기의 결심을 표시하는 것이다.
   (4) 그가 이렇게 했기 때문에 우상을 숭배하는 사람들이 이스라엘—연합군 가운데 여호와를 섬기는 사람들—에게 통분했고, 사기가 떨어져서 세 왕은 하는 수 없이 각기 본국으로 돌아가게 되었다.
   (5) 3장 27절의 '이스라엘에게 크게 격노함이 임하다.' 는 '이스라엘 백성이 다른 사람의 증오를 초래하다' 로 번역해야 한다.

4. 앗시리아 왕이 이스라엘의 수도인 사마리아를 공격하여 파괴한 후에 이스라엘 사람들을 할라와 하볼 강변에 포로로 데려와서 그곳에 두었

다. 동시에 바빌론, 구다, 아와, 하맛, 스발와임 등지의 사람을 사마리아의 성읍으로 옮겨 거하게 하였다(17:6, 24-41). 이 무리가 바로 '사마리아인' 이다. 그들은 사마리아에서 한 면으로 하나님을 섬겼고 한 면으로는 자기들의 우상을 섬겼다. 그러므로 혈통과 종교가 많이 섞여졌기 때문에 당시에 유대인들은 사마리아인들과 상종하지 않았다(요 4:9).

5. 히스기야는 중흥의 왕이었고 여호와께서 보시기에 정직히 행하였으며, 그 조상 다윗의 모든 행위를 본받아 행하여 그 전후의 유다 여러 왕 중에 그러한 이가 없었다(왕하 18:5). 오직 그의 반드시 죽을 병이 어떻게 하나님의 치료하심을 입었는지를 알고자(20:1-9, 대하 32:31), 바빌론 방백들이 히스기야에게 사자를 보내어 그 땅에서 나타난 이적을 물을 때에 그들에게 한 답변이 그의 일생 중에서 가장 엄중한 실패이다. 원래 바빌론 왕은 태양을 신으로 섬겼기 때문에, 하나님께서 히스기야를 치료하실 때에 태양을 십도 물러가게 하신 것이 특별히 그의 주목을 끌었다. 이때가 바로 히스기야가 바빌론 왕을 향해서 여호와께서 천지의 주재이시고 해와 달과 만물을 창조하신 참 하나님이심을 간증할 수 있는 좋은 기회였다. 그러나 히스기야는 결코 성전이나 율법서나 신언자를 그에게 보여 주지 않았고, 단지 그의 금은재물을 그들에게 자랑했다. 그는 사람으로 하나님을 경외하도록 하지 않았을 뿐만 아니라 사람으로 자기를 부러워하도록 했다. 그 결과 그가 자랑한 진귀한 보물을 하나도 보존할 수 없었다. 그의 이야기 또한 어찌 우리의 체험과 경고가 아니겠는가?

6. 처음 성경을 읽는 사람은 이 책 가운데 유다 왕들과 이스라엘의 여러 왕들을 표로 만들어서 열왕기상에서 만든 표(126쪽)에 이을 수 있다. 간단한 양식은 아래와 같다.

유다 왕	구절	기간	현악(賢惡)	이스라엘 왕	구절	기간	현악(賢惡)
아하시야	8:25-26	1년	악	여호람	3:1	12년	악
(아달랴	11:3-4	7년	악)	예후	10:36	28년	반현/반악
요아스	12:1	40년	현	여호아하스	13:1	17년	악
아마샤	14:1	29년	현	요아스	13:10	16년	악
아사랴	15:1	52년	현	여로보암 II	14:23	41년	악
				스가랴	15:8	6개월	악
				살룸	15:13	1개월	악
				므나헴	15:17	10년	악
				브가히야	15:23	2년	악
요담	15:32	16년	현	베가	15:27	20년	악
아하스	16:1	16년	악	호세아	17:1	9년	악
히스기야	18:1	29년	현				
므낫세	21:1	55년	악				
아몬	21:19	2년	악				
요시야	22:1	31년	현				
여호아하스	23:31	3개월	악				
여호야김	23:36	11년	악				
여호야긴	24:8	3개월	악				
시드기야	24:16	11년	악				

7. 분열 후의 유다 왕은 모두 19명(아달랴는 그 안에 포함되지 않았다. 왜냐하면 그녀가 왕위를 찬탈한 기간 동안에 성전에서 요아스가 다윗 집의 혈통을 계승하여 왕이 되었기 때문이다)이고 이스라엘의 왕도 또한 모두 19

명이었다. 유다 왕들 중에 8명은 좋은 왕이었고, 이스라엘 왕들 중에서는 반은 좋고 반은 나쁜 예후를 제외하고는 좋은 왕이 하나도 없었다. 이스라엘의 왕 중에 두 명의 여로보암이 있다는 것을 처음 성경을 읽는 사람은 마땅히 분별해야 한다. 하나는 느밧의 아들이고 하나는 요아스의 아들이다. 유다 왕들 중에 여호람, 아하시야, 요아스가 있고, 이스라엘 왕들 중에도 여호람, 아하시야, 요아스가 있다. 유다 왕국에서는 다윗의 후손이 계속 왕이 되었다. 이스라엘 왕국에서는 여로보암 이후에 여덟 왕조가 교체되었다. 여기에서 우리는 하나님께서 일찍이 다윗과 언약을 세우셨기 때문에 더 많은 은사를 다윗의 집에 주신 것임을 볼 수 있다.

Ⅴ. 메시지

하나님의 백성이 하나님을 배반하고, 그분을 멀리하고, 이방의 가증한 우상을 섬길 때, 하나님은 '하나님의 사람' 을 보내어서 그들에게 경고하고, 그들이 회개하고 하나님 앞에 돌아오기를 바라신다. 그러므로 하나님의 사람이 올 때 '여호와께서 이르시기를' 이라고 말하였다. 만일 그래도 그들이 말을 듣지 않으면 비로소 하나님의 공의와 분노가 시작되며, 그들을 원수에게 넘겨주고 심지어는 왕국이 망하고 포로가 되게 하신다.

Ⅵ. 핵심 단어, 핵심 구, 핵심 구절

1. 핵심 단어

⑴ '하나님의 사람' — 이 책에서 모두 36차례나 사용되었고 성경의 어느 책보다도 열왕기하에서 더 많이 사용되었다.

⑵ '노하사' (13:3, 17:17, 23:26, 24:20)

2. 핵심 구

(1) '여호와께서 말씀하셨다.' 또는 '여호와의 말씀'과 유사한 구가 이 책에서는 모두 49번 정도 사용되었다.

(2) '여호와께서 보시기에 악을 행하였지만' 이 구절은 비통한 말씀으로서 이 책에서는 21번 사용되었다.

(3) 그러나 하나님께 감사한 것은 '여호와께서 보시기에 올바른 일을 하였다.'가 이 책에서 또한 8번 사용되었다.

3. 핵심 구절

(1) "그런즉 이제 너희는 알라 곧 여호와께서 아합의 집에 대하여 하신 말씀은 하나도 땅에 떨어지지 아니하리라 여호와께서 그의 종 엘리야를 통하여 하신 말씀을 이제 이루셨도다 하니라"(10:10)

(2) "여호와께서 그의 종 모든 선지자를 통하여 하신 말씀대로 드디어 이스라엘을 그 앞에서 내쫓으신지라 이스라엘이 고향에서 앗수르에 사로잡혀 가서 오늘까지 이르렀더라"(17:23)

(3) "여호와께서 그의 종 선지자들을 통하여 하신 말씀과 같이 갈대아의 부대와 아람의 부대와 모압의 부대와 암몬 자손의 부대를 여호야김에게로 보내 유다를 쳐 멸하려 하시니"(24:2)

Ⅶ. 분석

내용에 의해서 4단락으로 나누어진다. 엘리야의 마지막 사역, 엘리사의 사역, 이스라엘 왕국의 쇠퇴와 패망, 유다 왕국의 쇠퇴와 패망.

1. 엘리야의 마지막 사역

(1) 엘리야의 아하시야 앞에서의 경고(1:1-16).

(2) 엘리야가 하늘로 올라감(2:1-12).

2. 엘리사의 사역

(1) 물을 갈라지게 하여 강을 건넘(2:13-14).

(2) "엘리야의 능력이 엘리사 위에 내렸다."(2:15-18)

(3) 물을 고침(2:19-22).

(4) 하나님을 저주하고 조롱하며 하나님께 저항하는 소년들(2:23-25).

(5) 여호람을 책망하고 물 솟는 샘과 승리를 예언함(3:4-27).

(6) 과부를 도와서 빚을 갚게 함(4:1-7).

(7) 수넴 여인이 신언자를 접대하고 보답을 얻음(4:8-17).

(8) 수넴 여인의 아들로 부활하게 함(4:18-37).

(9) 밀가루로 독을 해독함(4:38-41).

(10) 20개의 떡으로 100사람을 배부르게 함(4:42-44).

(11) 나아만의 나병을 치료함(5:1-19).

(12) 게하시가 재물을 탐하여 나병에 걸림(5:20-27).

(13) 물에 빠진 도끼를 물에서 떠오르게 함(6:1-7).

(14) 이스라엘 왕을 도와서 아람 왕의 침략을 처리함(6:8-7:20).

(15) 7년 기근을 예언함(8:1-6).

(16) 하사엘이 왕이 될 것을 예언함(8:7-15).

(17) 제자를 보내어 예후를 왕으로 기름 부음(9:1-10).

(18) 마지막으로 이스라엘 왕이 아람인을 세 번 크게 물리칠 것을 예언함 (13:14-19, 22-25).

(19) 엘리사의 뼈가 죽은 사람을 부활시킴(13:20-21).

3. 이스라엘 왕국의 쇠퇴와 패망

(1) 아하시야가 죽고 여호람이 대신 왕이 되었으나 악한 일을 행함(1:17-18, 3:1-3).
(2) 예후가 여호람을 배반함(9:11-28).
(3) 하나님께서 예후를 통해서 이세벨과 아합의 온 집, 그리고 바알 신을 경배하는 사람을 심판하심(9:30-10:28).
(4) 예후가 느밧의 아들 여로보암의 죄를 벗어나지 않음(10:29-36).
(5) 예후가 죽고 그의 아들 여호아하스가 왕이 되었으나 악을 행함(13:1-9).
(6) 여호아하스가 죽고 그의 아들 요아스가 왕이 되었으나 악을 행함(13:10-13).
(7) 요아스가 죽고 그의 아들 여로보암이 왕이 되었으나 악을 행함(14:23-29).
(8) 여로보암이 죽고 그의 아들 스가랴가 왕이 되었으나 악을 행함(15:8-9).
(9) 살룸이 배반하여 스가랴를 죽이고, 왕위를 찬탈하고, 악을 행함(15:10-13).
(10) 므나헴이 배반하여 살룸을 죽이고, 왕위를 찬탈하고, 악을 행함(15:14-22).
(11) 므나헴이 죽고 그의 아들 브가히야가 왕이 되었으나 악을 행함(15:23-24).
(12) 베가가 반역하여 브가히야를 죽이고 왕위를 찬탈하고 악을 행함(15:25-29).
(13) 호세아가 배반하여 베가를 죽이고 왕위를 찬탈하고 악을 행함(15:30-31, 17:1-4).

(14) 앗시리아 왕이 사마리아를 취하고 이스라엘 왕국이 멸망함(17:5-41).

4. 유다 왕국의 쇠퇴와 패망

(1) 여호사밧의 아들 여호람이 왕이 되었으나 악을 행함(8:16-24).

(2) 여호람의 아들 아하시야가 왕이 되었으나 악을 행함(8:25-29).

(3) 아달랴가 왕위를 찬탈함(11:1-3).

(4) 아달랴가 피살되고 요아스가 왕이 되고 정직하게 행함(11:4-12:16).

(5) 아람 왕 하사엘이 유다 왕국을 침략함(12:17-18).

(6) 요아스가 피살되고 그의 아들 아마샤가 왕이 되어 정직하게 행함(12:19-21, 14:1-18).

(7) 아마샤가 피살된 후에 그의 아들 아사랴가 왕이 되고 정직하게 행함(14:19-21, 15:1-7).

(8) 아사랴(즉 웃시야)가 죽고 그의 아들 요담이 왕이 되어 정직하게 행함(15:32-38).

(9) 요담이 죽고 그의 아들 아하스가 왕이 되었으나 악을 행함(16장).

(10) 아하스가 죽은 후에 그의 아들 히스기야가 왕이 되어 정직하게 행함, 유다 왕들 중에서 그 이전과 이후를 막론하고 그를 능가하는 왕이 없었다. 그는 중흥의 왕이었다(18-20장).

(11) 히스기야가 죽고 그의 아들 므낫세가 왕이 되었으나 악을 행함(21:1-18).

(12) 므낫세가 죽은 후에 그의 아들 아몬이 왕이 되었으나 악을 행함(21:19-26).

(13) 아몬이 죽은 후에 그의 아들 요시야가 왕이 되어 정직하게 행함(22:1-23:30).

(14) 요시야가 피살된 후에 그의 아들 여호아하스가 왕이 되었으나 악을 행

함(23:31).

(15) 여호아하스가 갇히고 그의 형 여호야김이 왕이 되었으나 악을 행함(23:32-24:4).

(16) 여호야김이 죽고 그의 아들 여호야긴이 왕이 되었으나 악을 행함(24:5-9).

(17) 여호야긴이 포로가 되고 그의 작은 아버지 시드기야가 왕이 되었으나 악을 행함(24:10-20).

(18) 바빌론 왕이 예루살렘을 쳐서 유다 왕국이 멸망함(25장).

제13장

역대상

Ⅰ. 개략

1. 역대상하는 사무엘상하, 열왕기상하와 같이 히브리어 성경에서는 원래 한 권이다.

2. 이 책의 원래의 이름의 뜻은 '일기(日記)' 혹은 '기사(記事)'로서 이 책의 내용은 모두 역대 군왕들의 기사를 말하고 있다.

Ⅱ. 재미 없는 책

1. 처음 성경을 읽는 사람은 역대상하에 대하여 자주 무미건조하고 재미없다고 느낀다. 더욱이 쓸데없이 긴 족보, 제사장의 섬기는 반차, 그리고 중복된 이야기 등은 사람으로 흥미를 갖기 어렵게 한다.

2. 그러나 우리가 기억할 것은 성경 중에 어떤 책을 읽을 때 그것이 무미건조하고 재미가 없다면, 그것은 바로 우리가 아직 그 책의 성격을 찾지 못했다는 것을 말해 주는 것이다.

Ⅲ. 성질

1. 역대기의 저자는 분명하지 않다. 그러나 여러 권위 있는 성경 해석가들은 모두 학사인 에스라가 쓴 것이라고 단정한다. 왜냐하면,
   (1) 그것의 문장과 체제(표현 양식)와 어법 등이 에스더서, 느헤미야서와 서로 비슷하다.
   (2) 역대기는 포로 되었다가 돌아온 이후에 쓴 것으로서(대상 9:1-2), 에스라가 바로 그 시대 사람이다.
   (3) 에스라는 아론의 제16대 손이다(스 7:1-6). 그러므로 그는 제사장과 성전 및 섬기는 규례를 잘 알고 있었으므로 책에서 이러한 것에 대하여 특별히 상세하게 기록할 수 있었다.
   (4) 역대하와 에스라서는 서로 이어진 것이고, 역대하 36장 22, 23절과 에스라 1장 1절부터 4절까지를 비교해 보면 두 군데의 말씀이 거의 같다.

2. 역대기는 역사서이지만 그 성질은 다른 역사서의 성질과 완전히 다르다. 사무엘상하와 열왕기 중에도 역사의 사실이 기록되어 있으나, 역대기는 하나님의 말씀과 관점에서 역사적인 사실을 기록하고 해석하였다. 예를 들면 다음과 같다.
   (1) 사무엘상하에서는 사울이 블레셋 사람과 전쟁을 하다가 화살에 맞아 중상을 입어서 결국은 피살됨을 기록하였고(삼상 31장, 삼하 1장), 역대기의 기록은 그가 하나님을 버리고 신접한 여인에게 대답을 구하였기 때문에 여호와 하나님께서 그를 죽였으며(대상 10장), 블레셋 사람과 아말렉 소년은 단지 하나님의 형벌을 집행하는 자일뿐이라고 말한다.

(2) 사무엘하에서는 단지 웃사가 하나님에 의해 죽었다는 것을 말하고(삼하 6:7), 역대기에서는 웃사가 하나님에 의해 죽은 원인을 말한다(대상 15:2, 13).

(3) 열왕기에서는 유다의 두 왕—요아스와 아마샤—이 여호와 보시기에 정직히 행하였지만, 그들의 종말은 모두 선한 임종이 아니라 다른 사람에게 피살되었다(왕하 12:20, 14:19). 처음 성경을 읽는 사람은 의문이 생기는 것을 면하기 어려울 것이다. 하나님께서 왜 이러한 일들을 용인하셨는가? 역대기에서는 하나님께서 이렇게 심판하신 원인을 상세하게 설명하고 있다(대하 24:22, 25, 25:14, 20, 27).

3. 이 책의 목적은 포로 되었다가 고국으로 돌아온 백성으로 하여금 여호와 하나님을 알도록 하고 새롭게 하나님 앞으로 돌아와서 하나님을 경배하고 그분을 섬기도록 한 것이다(이것이 바로 에스라의 사역이다).

그러므로 이 책에서는,

(1) 레위인의 직무와 제사장의 반차와 성전을 건축하는 과정과 제사와 절기에 대해서 백성들로 율법 책을 사모하도록 매우 분명하게 말한다.

(2) 왕들의 흥망성쇠의 원인과, 하나님과 친근하고 하나님께 복종하는 사람은 반드시 축복을 얻고, 하나님을 멀리하고 하나님을 배반하는 사람은 반드시 저주를 받는다는 것을 백성들이 분명히 알 수 있도록 매우 구체적으로 기록하였다. 백성과 왕은 만왕의 왕에 대한 태도에 따라서 그들의 앞길과 역사가 정하여졌다.

(3) 이스라엘 민족의 계보에 대하여서도 백성들이 하나님께서 그들을 만민 중에서 선택하신 것을 회고하도록 매우 상세하게 기록하였

다. 동시에 또한 구속의 노선이 아담에게서부터 다윗까지 이르고 다시 다윗에게서부터 계속 그 집의 최후의 왕, 즉 영원한 왕까지 이어짐을 암시하고 있다.

4. 역대기는 기타 역사서와 항상 중복된 기록을 갖고 있다. 이것은 하나님의 말씀이 강조되고 중시된 부분을 표시한다. 그러나 중복된 기록도 또한 차이가 있다. 그 이유는 다음과 같다.
   (1) 각 책마다 중요시하는 바가 다르고 그래서 어떤 일에 대한 기록은 특별히 상세하고 어떤 기록은 비교적 간단하다.
   (2) 책을 저술한 연대가 각기 다르다. 또한 인명과 지리 등이 이미 바뀌어졌을 것이다.

Ⅳ. 시간

역대상의 내용이 계보를 제외하고 포함한 시간은 약 41년으로서 주전 1056년부터 1015년까지이다.

Ⅴ. 주의할 곳

1. 헬라어 성경학자는 일찍이 이 책을 '잃어버린 기록'이라고 칭했는데 그것은 이 책의 수많은 기록들이 다른 책에는 없는 것이기 때문이다. 예를 들면 다음과 같다.
   (1) 유다의 계보는 야베스의 기도로 인하여 더욱 생기가 있게 되었다. 많은 기도로 말미암아 얻은 바가 많았던 그는 분명히 기도하는 사람이었다(4:9-10).

(2) 에브라임의 계보 중에 일부의 사람들이 블레셋 사람을 침략하여 그 결과가 비참했다는 것을 기록하고 있다(그때 에브라임이 있었고 요셉도 있었다(7:21-22, 창 50:23 참조)). 이 일은 이스라엘이 아직 이집트에 기거할 때에 발생하였고 아마도 이 일로 말미암아 블레셋 사람과 이스라엘 사람이 대대로 내려오는 원수가 되었던 것 같다.

2. 사무엘하는 다윗이 무서운 죄를 범한 것을 상세하게 언급하고 있다(삼하 11, 12장). 그러나 여기에서는 하나도 언급하지 않았다. 이것은 하나님의 본성에 합당한 것이다. 하나님은 공의로우신 분이시고 조금도 죄를 덮어두려고 하지 않으신다. 그러나 그분은 사랑이 있는 분이시기 때문에 죄들을 용서하시고 '다시는 그들의 죄들과 불법들을 기억하지 않을 것이다.' (히 10:17)라고 말씀하셨다. 그러나 이 책에는 다윗이 백성을 계수한 죄는 두 번이나 언급되었고, 또한 사무엘하 24장의 기록보다 더욱 자세히 기록되어 있는데 이것은 성전의 기초의 유래를 이끌어 오려는 것이기 때문이다. 하나님의 안목으로 볼 때 성전의 기초는 매우 중요한 것이다. 그 기초는 반드시 회개와 죄들을 자백함과 속죄와 공의가 만족돼야 함 등의 이야기를 포함한다.

3. 이 책의 저자는 유다 왕국의 역사만을 기록하고 이스라엘 왕국의 역사는 언급하지 않았다. 그 이유는 다음과 같다.

(1) 하나님께서 다윗과 세우신 언약을 기억하시기 때문이다(삼하 7장).

(2) 유다 왕국에는 또한 '여호와 보시기에 정직히 행한' 군왕이 있었다.

(3) 반대로 이스라엘 왕국은 분열 이후에 우상과 이방의 가증하고 사악한 신을 섬기기 시작했고, 또한 '여호와 보시기에 악을 행함' 이

없는 군왕이 한 사람도 없었다.

(4) 오직 유다 왕국의 역사만이 고국으로 귀환한 백성들이 더욱 하나님 앞에 돌아가서 그분을 찾도록 도와줄 수 있다.

4. 이 책은 야곱의 칭호에 대해서 모두 그의 영적인 이름—이스라엘—으로 대신하고 있다(1:34, 2:1, 5:1, 3, 6:38, 7:29, 29:10, 18). 저자는 모든 가능한 방법을 통해서 고국으로 돌아온 백성에게 하나님께서 어떻게 그들의 조상을 선택하시고 그들에게 복을 주셨는지를 회고하도록 했다.

5. 이 책에서는 특별히 하나님께서 그분의 백성들을 위하여 나타내신 많은 역사를 언급한다(4:9-10, 5:20, 22, 11:14, 12:18, 14:2, 11, 15, 18:13).

6. 이 책에서는 또한 특별히 하나님의 공의로운 심판을 말한다(5:25-26, 6:15, 9:1, 10:13-14, 15: 13, 21:9-12).

7. 이 책의 21장 25절의 '다윗은 그 터 값으로 금 육백 세겔을 달아 오르난에게 주고' 라는 말씀과 사무엘하 24장 24절의 '은 오십 세겔로 타작 마당과 소를 사고' 라는 말씀은 전후가 부합되지 않는 듯하다. 그러나 사실은 그렇지 않다. 사무엘하에서 기록하고 있는 것은 '타작 마당' 과 소의 값인데, '타작 마당' 의 원뜻은 고렌(gôren)으로서 벼를 타작하는 장소라는 뜻이다. 반면에 이 책에 기록된 '터' 의 원문 음역은 마콤(maqôm)으로서 '타작마당' (gôren)을 포함한 것이고, 또한 '이 타작하는 곳을 내게 넘기라' (대상 21:22)라고 말한다. 다윗은 '타작 마당' 과 소를 위하여 은 오십 세겔을 냈고, '그 터' 를 위하여 금 육백 세겔을 냈다.

Ⅵ. 메시지

역대상이 처음부터 끝까지 우리에게 보여 주는 것은 하나님의 위대하심과 그분께서 그분의 왕국 중에서 마땅히 가지시는 지위에 대한 것이다. 비록 사람은 자주 그분을 멀리 떠나고 그분을 배반하지만, 그러나 그분은 여전히 존엄한 주님이시요 온 땅을 다스리는 분이시다(29:11-12). 일에 대한 그분의 관점과 해석은 사람의 그것과는 전혀 다르다. 이 책에서 하나님은 우리에게, 그분은 그분을 의지하고 그분을 찾는 사람을 돌보시며, 또한 하나님은 심판자이시고 죄들을 용서하시는 분이시며, 어떠한 일이나 상황에서도 하나님은 보좌에서 반드시 영광을 얻으시는 분이라는 것을 보여 준다.

Ⅶ. 핵심 구절

1. "여호와여 위대하심과 권능과 영광과 승리와 위엄이 다 주께 속하였사오니 천지에 있는 것이 다 주의 것이로소이다 여호와여 주권도 주께 속하였사오니 주는 높으사 만물의 머리이심이니이다 부와 귀가 주께로 말미암고 또 주는 만물의 주재가 되사 손에 권세와 능력이 있사오니 모든 사람을 크게 하심과 강하게 하심이 주의 손에 있나이다"(29:11-12)

2. "너희는 여호와께 감사하며 그의 이름을 불러 아뢰며 그가 행하신 일을 만민 중에 알릴지어다 … 여호와와 그의 능력을 구할지어다 항상 그의 얼굴을 찾을지어다 … 너희는 그의 언약 곧 천 대에 명령하신 말씀을 영원히 기억할지어다"(16:8, 11, 15)

VIII. 분석

이 책은 내용에 따라서 계보, 사울, 다윗, 건축의 준비 등의 네 단락으로 나누어진다.

1. 계보(1장-9:34)

(1) 아담에서부터 노아까지(1:1-4).

(2) (노아의 아들) 셈, 함, 야벳의 후예(1:5-23).

(3) 셈에서부터 아브라함까지(1:24-27).

(4) (아브라함의 아들) 이스마엘 등의 후예(1:28-33).

(5) (아브라함의 아들) 이삭의 후예(1:34).

(6) (이삭의 아들) 에서의 후예(2:1-2).

(7) (이삭의 아들) 이스라엘의 후예(2:3-4:23).

(8) (이스라엘의 아들) 유다의 후예(2:3-4:23), 다윗의 조상(2:9-15)과 그의 후예(3장)에 주의하라.

(9) (이스라엘의 아들) 시므온의 후예(4:24-43).

(10) (이스라엘의 아들) 르우벤, 갓, 므낫세 반 지파의 후예(5장), 그들의 하나님께 득죄한 결과에 주의하라(5:25-26).

(11) (이스라엘의 아들) 레위의 후예(6장).

(12) (이스라엘의 아들) 잇사갈의 후예(7:1-5).

(13) (이스라엘의 아들) 베냐민의 후예(7:6-12, 8장).

(14) (이스라엘의 아들) 납달리의 후예(7:13).

(15) (이스라엘의 아들) 므낫세의 후예(7:14-19).

(16) (이스라엘의 아들) 에브라임의 후예(7:20-29).

(17) (이스라엘의 아들) 아셀의 후예(7:30-40).

(18) 바빌론에서 사로잡혔다가 귀국한 이스라엘 사람(9:1-34).

2. 사울(9:35-10장)
   (1) 사울의 내력(9:35-44).
   (2) 사울의 패망(10장).

3. 다윗(11-20장)
   (1) 다윗이 왕이 됨(11:1-9).
   (2) 다윗과 그의 용사들(11:10-12장).
   (3) 다윗과 언약궤(13, 15-16장).
   (4) 다윗의 왕국이 날로 흥왕함(14장).
   (5) 다윗의 성전을 건축하려는 갈망(17장).
   (6) 다윗의 승리(18-20장).

4. 성전 건축의 준비(21-29장)
   (1) 성전의 터를 삼(21장).
   (2) 성전을 위하여 재료들을 준비함(22장).
   (3) 제사장과 레위인의 조직(23:1-26:28).
   (4) 관리(官吏)의 조직(26:29-27:34).
   (5) 성전 건축을 유언함(28-29장).

제14장
역대하

Ⅰ. 개략

이 책은 역대상의 연속으로서 솔로몬이 왕으로 취임한 때부터 시드기야가 포로가 될 때까지 및 바사 왕 고레스 원년에 조서를 내릴 때까지의 유다 왕국의 왕들의 역사를 말한다.

Ⅱ. 성질

이 책의 성질은 역대상과 같이 여전히 하나님의 관점과 말씀으로써 유다 왕국의 역사를 해석한다. 그것의 목적은 고국으로 돌아온 백성으로 하나님의 인도하심을 앎으로써 그분께 돌아와서 순종하도록 하는 것이다.

Ⅲ. 시간

이 책의 내용에 포함된 시간은 약 479년으로 주전 1015년부터 주전 536년까지이다.

Ⅳ. 열왕기와 역대기의 차이

열왕기는 유다와 이스라엘 두 왕국의 역사를 기록하였고, 역대기는 전적으로 유다 왕국의 역사만을 기록하였다. 따라서 같은 일에 대해서도 열왕기의 기록은 비교적 간단하지만 역대기는 비교적 상세하다. 또한 열왕기는 역사만을 말하고 역대기는 하나님의 말씀의 관점에서 역사를 해석하기 때문에, 동일한 일에 있어서 열왕기는 자주 사실을 말할 뿐 원인은 언급하지 않았지만, 역대기는 그 사실뿐 아니라 그 원인까지 기록하고 있다. 예를 들면 다음과 같다.

1. 열왕기상 7장 8절은 솔로몬이 바로의 딸을 위하여 궁전 하나를 건축한 것을 말한다. 그러나 역대하 8장 11절은 이 궁전이 결코 예루살렘에 건축된 것이 아니었음을 말한다. 그것은 당시 솔로몬이 그의 아내가 바로의 딸이고 또한 우상 숭배자였으므로 거룩한 성 안에 거할 수 없다고 생각했기 때문이다.

2. 열왕기는 느밧의 아들 여로보암이 정치적인 이유로 우상을 세우고 또한 마음대로 제사장과 절기 등을 세웠음을 우리에게 알려 준다(왕상 12:25-33). 그러나 역대기는 그가 위에서 말한 많은 죄의 행위를 제외하고도 또한 공개적으로 귀신을 섬겼고(대하 11:15), 그 결과 하나님께서 그에 대한 분노를 그치지 않으셨다는 것을 지적한다.

3. 열왕기는 단지 아비얌이 악을 행한 왕이었다는 것을 말한다(왕상 15:1-6). 그러나 역대기는 또한 그가 어떻게 환난 가운데 하나님께 간청해서 어떻게 하나님의 구원을 받았는지에 관한 한 편의 이야기를 기록하고 있다(대

하 13:3-20).

4. 히스기야 왕이 한 일은 두 부분으로 나눌 수 있다. (1) 군사적인 공적. (2) 성전을 깨끗하게 하고 하나님을 경배하는 것을 회복함. 열왕기에서는 단지 세 구절에서(왕하 18:4-6) 그가 하나님을 섬겼다는 것을 말하였고, 그의 전쟁의 공적과 기타의 사실은 세 장(왕하 18-20장)에 걸쳐 말한다. 그와는 반대로 역대기에서는 세 장(대하 29-31장)으로 그가 어떻게 제사와 절기를 회복하고 우상 숭배하는 일을 제거하였는지를 말하였고, 오직 한 장(대하 32장)에서만 그의 전쟁의 공적과 기타의 일을 말했다.

5. 므낫세는 열왕기에서 가장 나쁜 왕이었다(왕하 21:1-18). 그러나 역대기는 그가 악을 행하고 바빌론으로 포로 되어 갔으나, 후에 그는 다시 회개하여 하나님을 부르고 예루살렘으로 돌아와서 다시 왕위에 올랐다고 말한다(대하 33:10-13). 그러므로 성경 해석가들은 그를 구약의 '탕자' 라고 칭하였다.

6. 또한 차이점이 있다.

(1) 좋은 왕 아사의 발의 병이 낫지 않은 원인(16:10, 12).

(2) 악한 왕 여호람의 죽은 상황(21:11-19).

(3) 좋은 왕 요아스가 왜 피살되었는가?(24:17-27)

(4) 좋은 왕 아마샤가 왜 피살되었는가?(25:14-16)

(5) 좋은 왕 웃시야가 왜 나병에 걸렸는가?(26:16-23)

(6) 악한 여인 아달랴가 성물을 더럽힌 죄(24:7).

등등의 일은 모두 열왕기에서는 기록되지 않았지만 역대기에서는 모두 상당히 자세하게 언급되었다.

Ⅴ. 주의할 곳

1. 여호사밧은 중흥의 왕이었고, 여호와 보시기에 정직히 행하였고, 우상을 제거하고 하나님을 찾았으며, 율법을 온 땅에 퍼지게 하여 백성을 가르쳤다. 그러나 그는 일생 중에서 세 가지 잘못한 일이 있는데 우리가 주의해야 할 가치가 있다.
   (1) 그는 하나님과 원수인 아합 집과 결혼하였다. 그 결과로 아합의 죄가 유다 왕국으로 들어왔으며(18:1, 21:6), 왕국이 거의 아합의 딸 아달랴의 손에 의해서 망하게 되었다(22:2-4, 10-12).
   (2) 그가 아합과 연합해서 전쟁을 치룸으로 여호와 하나님의 분노를 야기시키는 결과를 가져왔다(18:3, 19:2).
   (3) 그는 '심히 악을 행하는 사람' 인 아하시야와 교제하여 하나님의 심판을 받았다(20:35-37).

2. 11장 20절과 열왕기상 15장 2절은 모두 아비야의 어머니가 압살롬의 딸 마아가임을 기록하고 있다. 그러나 13장 2절에서는 그의 모친이 우리엘의 딸 '미가야' 라고 기록하고 있다. '마아가' 와 '미가야' 는 소리가 서로 비슷하며 사실은 한 사람이다. 아마도 그녀는 압살롬의 외손녀(히브리어에서 딸, 손녀, 외손녀 등이 같은 글자이다)로서 압살롬의 딸 다말(삼하 14:27)과 기브아 사람 우리엘의 딸일 것이다.

3. 18장 18절부터 22절까지와 열왕기상 22장 19절부터 23절까지는 모두 신언자 미가야가 본 이상에 관한 것인데, 처음 성경을 읽는 사람은 이상하게

여기고 심지어는 어떻게 거룩하신 하나님 앞에서 사악한 영이 있을 수 있고, 신실하신 하나님께서 어떻게 거짓말에 참여할 수 있을까라고 의심할 것이다. 그 사실은 다음과 같다.

(1) 이 거짓말하는 영은 결코 하나님께 속한 것이 아니고 분명히 사탄 자신이거나 또는 그의 사자이다. 왜냐하면 '그가 거짓말쟁이이며, 거짓말쟁이의 아버지'(요 8:44)이기 때문이다. '아침의 아들, 계명성'인 이 천사장은 타락하여 사탄이 된 이후에도(사 14:12-15) 여전히 자주 '집회 산상'에 와서 하나님 앞에서 성도를 비난하였다(참고 욥 1:6-12, 2:1-6, 슥 3:1-3, 계 12:10). 그뿐만 아니라 그는 또한 그의 사자를 데리고 하나님 앞에 와서 날이 이를 때까지 기다려서 "그때 하늘에서 전쟁이 일어났습니다. 미가엘과 미가엘의 천사들이 용과 싸우게 되었습니다. 용과 용의 천사들이 맞서 싸웠지만 이기지 못하였으므로, 하늘에는 더 이상 있을 곳이 없었습니다."(계 12:7-8) 그러므로 이 거짓말하는 영은 하나님께 속하지 않고 사탄이거나 사탄에게 속한 사악한 영이다. 사무엘상 16장 14절에서 "여호와의 영이 사울에게서 떠나고 여호와께서 부리시는 악령이 그를 번뇌하게 한지라"고 말한다. 이 악령 또한 사탄에게 속하며, 여호와의 허락을 얻어서 그 배역의 왕을 번뇌하게 한 것이다.

(2) 하나님께서 사람을 권면하고 가르치는 데는 하나의 원칙이 있다. 즉 가능한 모든 방법을 다하여 진리를 사람에게 알려주지만 사람이 만일 진리를 믿지 않고 도리어 불의를 좋아한다면, "온갖 불의의 속임수로 멸망하는 사람들을 속일 것"(살후 2:10-12, 참고 겔 14:1-5)이다. 사탄은 아합과 여호사밧의 군대를 데리고 전쟁에 나감으로써 인류가 서로를 죽이고 결국은 더 많은 혼이 지옥에 보내지기를 원하기 때문에, 그는 거짓 신언자가 거짓말을 하게 하는 방법을 사용해서 아

합을 속였던 것이다. 하나님께서 이 일을 허락하신 것은 아합 왕이 일찍이 여러 번 하나님의 역사하심을 보았고(왕상 18장), 여러 번 하나님에 의해서 원수의 손에서 벗어나 구원을 입었으나(왕상 20장), 그가 여전히 하나님을 거절하고 불의를 좋아했기 때문이다. 하나님은 그가 거짓된 것을 믿고 따르도록 내버려두셨지만, 그래도 하나님은 신언자 미가야를 보내어 거짓말하는 영이 어떻게 모든 거짓 신언자의 입에 들어간 것과 전쟁의 결과는 아합의 군대가 반드시 망하리라는 사실을 아합에게 최후의 경고로 말하도록 하셨다. 그러므로 하나님은 거짓 신언자의 거짓말에 참여하지 않으셨을 뿐 아니라, 오히려 그분은 최후의 가능한 방법으로 아합이 거짓 영을 믿고 따르는 것을 막으려고 하셨던 것이다.

4. 이 책에서는 분열 이후 유다 왕국의 5번의 대부흥을 기록하고 있다.
   (1) 아사가 왕이 된 연간에(14-16장)
   (2) 여호사밧이 왕이 된 연간에(17, 19-20장)
   (3) 요아스가 왕이 된 연간에(23:1-24:16)
   (4) 히스기야가 왕이 된 연간에(29-31장)
   (5) 요시야가 왕이 된 연간에(34:1-35:19)

   아마 왕의 모친과 당시대의 제사장은 왕의 선택과 행동에 지대한 영향을 줄 수 있었던 것 같다.

5. "이 모든 충성된 일을 한 후에 앗수르 왕 산헤립이 유다에 들어와서 견고한 성읍들을 향하여 진을 치고 쳐서 점령하고자 한지라,"(32:1) 충성된 일을 한 후에 항상 원수 사탄의 공격이 있다.
6. 이 책에서는 하나님의 4차례의 큰 구원을 말한다.
   (1) 아비야를 여로보암의 손에서 벗어나도록 구원하심(13:14-20).

(2) 아사를 구스 왕 세라의 손에서 구원하심(14:9-13).
(3) 여호사밧을 모압, 암몬, 마온 사람의 연합군의 손에서 구원하심(20:1-26).
(4) 히스기야를 앗시리아 왕 산헤립의 손에서 구원하심(32:20-22).

Ⅵ. 핵심 구, 핵심 구절

1. 핵심 구 : "여호와를 찾고"(7:14, 11:16, 14:4, 7, 15:2, 4, 12-13, 15, 17:4, 19:3, 20:3-4, 22:9, 26:5, 30:19, 31:21, 34:3). 여호와를 찾은 결과는 축복이요 성공과 승리이다. 여호와를 찾지 않은 결과는 저주와 실패이다(12:14, 16:12).

2. 핵심 구절 : "유다와 예루살렘 주민들아 내 말을 들을지어다 너희는 너희 하나님 여호와를 신뢰하라 그리하면 견고히 서리라 그의 선지자들을 신뢰하라 그리하면 형통하리라"(20:20).

Ⅶ. 메시지

무릇 산 믿음과 승리의 생활을 하려는 사람은 주님을 찾고, 믿고, 섬기고, 그리고 사랑하는 조건을 절대적으로 이행해야 한다.

Ⅷ. 분석

이 책은 내용상 크게 두 단락으로 나누어진다. 즉 솔로몬과 유다 왕국의 왕들이다.

1. 솔로몬(1-9장)

(1) 왕위가 견고하게 됨(1장).

(2) 성전을 건축함(5장).

(3) 성전을 바침(6장).

(4) 하나님께서 열납하심(7장).

(5) 솔로몬이 행한 몇 가지 일(8장).

(6) 솔로몬의 지혜와 존귀와 영광(9:1-28).

(7) 솔로몬의 임종(9:29-31).

2. 유다 왕국의 왕들(10-36장)

(1) 르호보암(10-12장).

(2) 아비야(13장).

(3) 아사(14-16장).

(4) 여호사밧(17-20장).

(5) 여호람(21장).

(6) 아하시야가 왕이 되었으나 살해되고 아달랴가 왕위를 빼앗음(22장).

(7) 여호야다가 요아스를 도와서 아달랴를 살해함(23장).

(8) 요아스(24장).

(9) 아마샤(25장).

(10) 웃시야(26장).

(11) 요담(27장).

(12) 아하스(28장).

(13) 히스기야(29-32장).

(14) 므낫세(33:1-20).

(15) 아몬(33:21-25).

(16) 요시야(34-35장).

(17) 여호아하스(36:1-4).

(18) 여호야김(36:5-8).

(19) 여호야긴(36:9-10).

(20) 시드기야가 왕이 되고 유다 왕국이 멸망함(36:11-21).

(21) 고레스 왕이 조서를 내려서 성전 재건을 명령함(36:22-23).

제15장
에스라

Ⅰ. 개략

1. 에스라는 하나님의 백성이 포로 된 이후에 쓰인 역사서 중 제1권이다. 성경 중에서 포로 된 이후의 책은 모두 8권이다. 에스라, 느헤미야, 에스더, 에스겔, 다니엘, 학개, 스가랴, 말라기이다. 앞의 세 권은 포로 된 이후의 역사서이고, 뒤의 다섯 권은 포로 된 이후의 신언서이다.

2. 이 책의 저자는 에스라이므로 저자의 이름으로 책명을 삼았다. '에스라' 의 뜻은 '돕다' 혹은 '돕는 이' 이다. 확실히 에스라는 일생 동안 하나님을 그의 유일한 도우시는 분으로 여겼다.

3. 유대인의 성경에서는 에스라와 느헤미야는 원래 한 권이다. 비록 두 저자가 있지만 전반부는 에스라이고, 후반부는 느헤미야이다. 3세기가 되어서 그것은 두 권으로 나뉘어졌다.

Ⅱ. 시간

이 책의 내용에 포함된 시간은 약 80년으로 주전 536년부터 주전 457년까지이다.

Ⅲ. 성질

1. 이 책의 성질은 바로 앞의 역대기와 같다. 하나님의 유민들은 하나님의 은혜와 안배로(1:2-3) 포로 된 땅에서부터 고국으로 돌아왔다. 그들은 포로로 생활하던 가운데 하나의 엄격한 공과를 배웠다. 그것은 우상을 버려야 한다는 것이다. 그들은 왕국이 멸망한 원인이 우상 숭배였음을 보았던 것이다. (그러므로 유대인이 귀환한 후부터 주님께서 세상에 계실 때까지 다시는 우상을 숭배하는 일이 발생되지 않았다.) 그들은 포로가 되어서 옛 땅을 그리워했고 이방 땅에서 번영을 누리며 돌아갈 것을 잊어버린 일부 다른 유대인들과 같이 되기를 원하지 않았다. 그러나 그들 대부분은 그 70년 동안 하나님을 알고 섬기며 그분의 율법 책을 읽을 기회가 적었다. 그러므로 그들도 또한 이방인과 깊이 연합하게 되었다. 에스라의 사역은 성전을 재건하여 그들로 하나님 앞에 와서 하나님을 알고 하나님을 섬기며 그분의 율법 책을 읽도록 하는 것이었고, 그는 또한 백성이 이방인과 결혼하는 것을 철저히 처리하였다.

2. 에스라, 느헤미야, 에스더는 모두 하나님의 백성의 최후 단계의 역사를 기록하고 있다(이후에는 역사서가 없다). 그러므로 이러한 책들은 교회가 이 땅에서 갖는 마지막 기간과 매우 밀접한 관계가 있다. 처음 성경을 읽는 사람은 이 3권의 책을 같이 읽으면서 동시에 에스겔, 다니엘, 학개, 스가

랴, 말라기 등과 같은 동시대의 책을 참고하는 것이 가장 좋다.

Ⅳ. 주의할 곳

1. 하나님께서 신언자 예레미야를 통한 예언(1:1, 대하 36:21-22)은 예레미야 29장 10절에서 "여호와께서 이와 같이 말씀하시니라 바빌론에서 칠십 년이 차면 내가 너희를 돌보고 나의 선한 말을 너희에게 성취하여 너희를 이곳으로 돌아오게 하리라."라고 말한다. 이스라엘 백성이 포로 되어 70년이 지난 후에, 하나님은 바사 왕 고레스를 감동시켜 조서를 내려서 이스라엘 백성을 격려하여 돌아와서 성전을 재건하도록 하셨다. 70년의 계산은 주전 605년 느부갓네살 왕의 제1차 예루살렘 공격으로부터 주전 536년 고레스 왕이 조서를 내릴 때까지이다.

2. 하나님의 백성의 역사 중 마지막 3권의 역사서를 읽을 때 책에 나오는 이름에 대해서 자주 헷갈리게 된다.
   (1) 에스라 2장 2절의 느헤미야는 예루살렘 성벽을 수리한 그 느헤미야가 결코 아니다. 이 이름은 아마도 그 시대에 매우 유행했던 것 같다. 성경에는 모두 3명의 느헤미야가 있다. 스룹바벨을 따라서 본국으로 돌아온 느헤미야(스 2:2), 하가랴의 아들로서 거룩한 성을 중건한 느헤미야(느 1:1), 아스북의 아들 느헤미야(느 3:16)등이다.
   (2) 에스라 2장 2절의 모르드개는 결코 에스더서의 모르드개가 아니다. 왜냐하면 첫 번째로 유대인이 본국으로 돌아온 일은 그 이전에 발생하였고(주전 536년), 에스더의 일은 그 이후에 발생했기 때문이다(주전 475년).

(3) 성경 안에 있는 에스라의 이름도 셋이다. 스룹바벨과 같이 돌아온 제사장 에스라(느 12:1), 갈렙의 자손 에스라(대상 4:17), 그리고 이 책의 저자 에스라이다.

(4) 에스라 4장 17절부터 24절까지에서는 아닥사스다 왕이 이스라엘 백성에게 성전을 재건하는 것을 금지시킨 것을 기록하였고, 6장 14절에서는 그들이 아닥사스다 왕의 뜻을 받들어 성전을 지은 것을 기록하고 있다. 이것은 두 사람의 다른 아닥사스다이다. 성전 건축을 금지한 아닥사스다 왕은 역사상에 캄비세스Ⅱ(Cambyses Ⅱ)란 이름이 있고, 성전 건축을 명하고, 에스라를 용서하고, 느헤미야를 유다 땅으로 돌아가게 한 아닥사스다 왕의 역사적 이름은 롱기마누스(Longimanus)이다.

(5) 이 외에도 또한 다른 세 명의 다리오가 있다. 메대인 다리오(단 5:31), 다리오 휴스타스페스(Dario Hystaspes)(4:6, 학 1:1, 슥 1:1), 다리오 노두스(Darius Nothus)(바사 왕 다리오)(느 12:22) 등이다. 또한 3명의 다른 아하수에로가 있다. 아하수에로 캄비세스, 즉 아닥사스다 캄비세스(스 4:6-7), 아하수에로 아스티아게스(Astyages), 즉 메데인인 다리오의 부친(단 9:1), 아하수에로 크세르크세스Ⅰ(Xerxes Ⅰ), 즉 다리오 히스타스페스의 아들(에 1:1)이다.

아닥사스다, 다리오, 아하수에로는 모두 당시 바사와 메데 군왕의 칭호로 이것은 마치 이집트의 '바로'와 같다.

3. 이스라엘 백성은 포로 된 땅에서 세 번 돌아왔다. 첫 번째는 스룹바벨이 인도했고(스 2:2), 두 번째는 에스라가 인도했으며(7:1, 6-7), 세 번째는 느헤미야가 인도한 것이다(느 2:5-6).

4. 에스라와 느헤미야 이 두 책의 목표는 같은 것으로서 남은 백성을 부흥시키는 것이다. 그러나 두 책의 주요 내용은 다르다. 전자는 성전을 건축하는 것이고, 후자는 성벽을 건축하는 것이다. 전자는 하나님의 말씀을 해석하는 데 치중했고, 후자는 하나님의 백성을 인도하는 데 치중했다.

5. 에스라는 아론의 직계 자손이며(7:1–5), 제사장이자 율법을 잘 알고 있는 학사였다(7:11–12). 처음 성경을 읽는 사람은 마땅히 그의 개인의 전기와 하나님과의 관계 및 성공의 비결에 주의해야 한다.

6. 4장 1절부터 6절까지는 어떤 대적들이 성전 건축을 파괴하려고 하나님의 자녀와 함께 성전을 건축할 것을 요구한다. 그들은 모두 이방인이었고 이스라엘 백성이 포로 된 시기에 다른 곳에서 이주해 온 이들이다(14과 로마숫자 Ⅳ의 D참조). 그들은 스스로 신앙이 있고 하나님을 경배한다고 했지만, 그들의 요구는 스룹바벨과 여호수아 등에 의해서 엄격히 거절되었다. 왜냐하면 성전을 건축하는 것은 하나님의 자녀들의 일이고 절대적으로 하나님의 자녀가 아닌 사람이 이러한 일을 하는 데 섞여 들어오도록 할 수 없기 때문이었다. 그들은 그들의 요구가 이루어지지 않자, 울분과 부끄러움으로 화를 내고 공개적으로 소란을 일으켜서 하나님의 자녀의 손에 힘이 빠지게 하였고, 왕 앞에서 그 유민들이 도리어 배반했다고 무고하였다. 느헤미야가 예루살렘 성벽을 건축할 때에도 여러 번 유사한 일이 발생했다(느 2, 4, 6장). 매번 하나님의 부흥이 있을 때 반드시 사탄의 방해와 파괴가 있는데 이것은 계획적인 일이었다.

7. 이스라엘 사람이 본국으로 돌아오고 부흥된 것은 현재 열국 가운데 분산되어 있는 유대인들이 장차 각지에서 유다 땅으로 돌아올 것과 회개하여 하나님과 화목하고, 또한 왕국을 건축하여 번영하는 민족이 될 것을 예표한다.

8. 이스라엘이 포로가 된 것은 정치적인 것과 영적인 것 두 방면에서 포로된 것이었다. 정치적인 방면에 있어서 그들은 포로가 되어 먼 곳에 끌려가서 노예가 되어 자유와 주권을 박탈당하고 온갖 학대와 천대를 받았다. 영적인 면도 마찬가지였다. 그들은 환경의 지배를 받아서 갈수록 하나님과 멀어지고 진정한 경배와 섬김이 없었다. 설사 어떤 종교적인 활동이 있었다고 해도 그것은 단지 표면적인 것이며 실재가 없는 것으로서, 땅이 지배한 것이지 하늘이 다스린 것이 아니었다. 그것은 사람에게 받아들여지는 것이었지만, 하나님에게 만족되는 것은 아니었다. 그들은 정치적인 포로였을 뿐만 아니라 또한 영적인 면에서도 포로였던 것이다.

9. 이스라엘의 귀환 후의 부흥 가운데서 우리는 부흥의 모든 원칙을 찾아낼 수 있다. 바로 부흥은 하나님에게서 나와야 한다는 것이다. 인위적인 것이나 금전으로 조성된 것은 모두 헛된 것이고, 하나님의 자녀에 대하여 손해가 있을 뿐 유익이 없다. 우리는 다음의 사항을 보아야 한다.

(1) 하나님께서 정하신 부흥의 시간은 포로 된 지 70년 후인 바사 왕 고레스 원년(대하 36:21-22)이다.

(2) 하나님께서 왕들의 마음을 감동시키시어 왕들이 시종 그분의 백성을 위하여 길을 열어 주도록 하셨다(스 1:1-4, 7-11, 6:6-15, 7:11-26, 느 2:4-8).

(3) 하나님은 그분 자신의 그릇들—스룹바벨, 에스라, 느헤미야 등—을

예비하시고 선택하셨으며, 또한 그들에게 오로지 하나님의 이익과 간증, 그리고 하나님의 백성을 그들의 유업으로 삼도록 부담을 주셨다.

(4) 하나님께서 그분의 사람들의 마음을 감동시켜 함께 일어나 예루살렘으로 돌아가 성전을 재건하게 하셨다(스 1:5).

(5) 하나님은 그들로 일제히('한 사람같이' 원문 참조) 모이게 하셨다(3:1, 참고 느 8:1)—이것은 부흥의 필요 조건이다. 왜냐하면 오직 한 사람같이 될 때 비로소 성전 건축의 막중한 책임을 담당하여 원수의 공격을 막아낼 수 있기 때문이다.

(6) 하나님은 신언자를 일으켜 그들 가운데 그분의 말씀을 전달하심으로 그들을 격려하셨다(스 5:1).

(7) 하나님은 그들로 죄를 보게 하셔서 근심하고 통회하는 영이 나오게 하셨다(9장).

(8) 하나님은 그들에게 죄를 처리할 결심과 힘을 주셨다(10장).

10. '느디님' 사람은 성경에서 18번이나 사용되었다. 첫 번째는 역대상 9장 2절에서 사용되었고, 나머지는 모두 에스라와 느헤미야에서 사용되었다. 이 이름은 성경에서 음역된 것이고 의역이 되지 않은 것으로, 처음 성경을 읽는 사람으로 이해하기 어렵게 한다. 그것의 원뜻은 '충당하다'로 그것은 성전 안에서 제사장과 레위인의 종이나 조수로 충원된 사람을 가리킨다. 아마도 여호수아서의 기브온 사람으로서 여호수아가 일찍이 그들을 '나무를 패고 물을 긷는 이'(수 9:23)로 정했을 것이다.

Ⅴ. 핵심 구, 핵심 구절

1. 핵심 구 : "여호와의 말씀"—이 말씀은 이 책에서 다음 사항을 포함하고 있다.
   ⑴ 하나님께서 신언자를 시켜서 하신 말씀(1:1).
   ⑵ 율법(3:2).
   ⑶ 하나님의 명령(6:14).
   ⑷ 모세의 율법책(6:18, 7:6).
   ⑸ 여호와의 율법(7:10).

2. 핵심 구절 : "이에 유다와 베냐민 족장들과 제사장들과 레위 사람들과 그 마음이 하나님께 감동을 받고 올라가서 예루살렘에 여호와의 성전을 건축하고자 하는 자가 다 일어나니"(1:5).

Ⅵ. 메시지

하나님의 자녀는 마땅히 하나님의 말씀, 하나님의 성전, 그리고 하나님께서 우리에게 지키도록 하신 그 거룩히 분별되는 간증을 주의해야 한다.

Ⅶ. 분석

이 책에서는 하나님의 백성이 두 차례 포로 된 땅에서 고국으로 귀환한 것을 언급한다. 그러므로 두 단락—제1차 귀환(약 5만 명), 제2차 귀환(약 2천 명)—으로 나누어진다.

1. 제1차 귀환(1-6장)

(1) 하나님께서 신언자를 시켜서 말씀하신 예언이 완전히 이루어짐 (1장).

(2) 귀환한 사람들(2장).

(3) 다시 제단을 만듦(3:1-7)—먼저 하나님과 정상적인 관계를 회복하고 그다음에 비로소 하나님의 일을 진행함.

(4) 성전을 재건함.

1) 성전 건축의 역사를 시작함(3:8-13).

2) 저지를 받음(4장).

3) 계속됨(5장)—참고 학개, 스가랴.

4) 완성(6장)

2. 제2차 귀환(7-10장)

(1) 제2차 귀환의 과정.

1) 하나님께서 예비하신 인도자인 에스라(7:1-10).

2) 왕의 조서(7:11-28).

3) 귀환한 사람들(8:1-23).

(2) 부흥.

1) 예물을 드림(8:24-36).

2) 죄들을 자백함(9장).

3) 처리하심(10장).

제16장
느헤미야

Ⅰ. 개략

1. 이스라엘 백성의 두 번째 귀환 후 14년에 느헤미야는 한 두리의 사람을 인도하여 새로이 예루살렘 성벽을 수리하여 재건했고 잃어버린 봉사와 경배를 회복했다. 이 책에서는 이러한 일들을 기록하고 있다.

2. 이 책의 저자는 느헤미야이다. 그래서 이 책에서는 서두에 "하가랴의 아들 느헤미야가 한 말이다."(1:1)라고 했다. 그는 또한 항상 책 중에서 스스로 '나'라고 칭했다.

3. 느헤미야라는 이름은 "여호와의 위로" 또는 "여호와는 위로하시는 분"이라는 뜻이다. 우리는 이 책 가운데서 자주 이 하나님의 종이 환난과 공격을 만났을 때 오로지 여호와를 그의 위로로 신뢰했음을 본다.

Ⅱ. 시간

이 책에 포함된 시간은 약 12년으로 주전 446년부터 주전 434년까지이다.

Ⅲ. 성질

1. 이 책은 전기(느헤미야의 자서전)이자 역사서이다.

2. 이 책은 하나님의 선민의 마지막 역사서이고 이 이후에는 다른 역사서가 없다(비록 말라기가 느헤미야 뒤에 있지만 그것은 신언서이다). 그러므로 이 책은 하나님의 선민의 마지막 상황을 기록한 것으로서 이후로 성경은 더 이상 그들의 역사를 기록하지 않았다.

Ⅳ. 주의할 곳

1. 이 책은 하나님의 선민의 마지막 역사서로서, 우리는 어느 정도 그들에게서 마지막 교회에 발생하게 되리라고 단정할 수 있는 몇 가지 주요한 비정상적인 일을 찾아낼 수 있다.
   (1) 편만한 빈곤 : 하나님의 선민이 가난하게 되었는데 굶주림을 채울 양식이 없을 정도까지 이르렀고, 그 결과 밭을 팔고, 땅을 팔고, 집을 팔고, 심지어 노예로 몸을 파는 수밖에 없게 되었다(5:1-5). 이것은 비정상적인 상황이었다. 하나님의 백성은 원래 가난해서는 안 되었다. 하나님께서 그들의 아버지이시고, 가나안은 풍부한 소산과 젖과 꿀이 흐르는 땅이기 때문이다. 그들의 빈곤은 그들과 하나님 사이에 문제가 생겨서 선민의 지위를 잃어버렸다는 것을 말하고 있다. 영적인 빈곤도

또한 마찬가지이다. 기근은 결코 떡이 없고 물이 없기 때문이 아니라 바로 하나님의 말씀을 얻지 못하기 때문에(암 8:11-12) 밭을 팔고, 땅을 팔고, 집을 팔고, 영적인 유업을 잃는 것이고, 마지막에는 노예로 묶이고 자유를 잃게 되는 것이다.

(2) 혼잡 : 하나님의 선민이 극도로 혼란에 빠졌기 때문에 마땅히 있어야 할 거룩히 분별되는 간증을 잃어버렸다. 백성 가운데 수많은 '섞인 무리'(13:3)가 들어왔고, 이방인과 결혼하였고(13:23), 합당한 계보가 결여된 제사장이 성전에서 섬겼다(7:61-65). 모압 사람과 암몬 사람이 모두 여호와의 회에 들어왔고(13:1, 7-9, 23), 거짓 신언자가 원수와 야합하여 위협의 말을 했다(6:10-19).

(3) 교통을 잃어버림 : 하나님을 멀리하고, 그분의 율법을 알지 못하며(8:2). 예물을 드리지 않았고(13:10-14), 율법 책에 규정된 절기와 날짜를 지키지 아니하였다(8:17, 13:15-18).

2. 느헤미야는 예루살렘 성벽을 수리하고 재건하는 것을 통하여서 부흥을 가져왔다. 성벽과 부흥은 밀접한 관계가 있는 것이다. 그 이유는 다음과 같다.

(1) 그것은 하나님의 선민의 보장(보호)이기 때문이다. 그들에게 성벽이 있을 때 그들에게는 보장(보호)이 있고, 그들이 성벽을 잃어버릴 때 그들은 안전을 잃어버린다.

(2) 그것은 하나님의 선민의 간증이다. 예루살렘은 왕의 수도이고 멀리 하늘에 있는 예루살렘을 가리킨다. 예루살렘 성벽의 존재는 바로 하나님께서 이스라엘 백성의 하나님이심을 간증한다. 그것이 만일 공격을 받아서 파괴된다면 하나님께서 그들 가운데 계시지 않다는 것을 증명하게 된다.

(3) 그것은 분별의 경계선이다. 성벽이 쓰러져서 파괴되는 때에는 성의 안과 밖의 분별이 없게 된다. 비록 물질적인 성벽이 역사상 몇 번 훼손되고 파괴되고 오늘날 하나도 남아 있지 않으나, 하나님의 선민의 영적인 성벽은 파괴할 수 없는 것이다. 그것은 성벽이 하나님 자신이기 때문이다. 성경 안에서는 여호와께서 우리의 보루요 산성이시라고 자주 언급한다(보루는 일종의 방어하는 성이고, 산성은 높은 망루로서 멀리보고 원수를 공격하기 위한 것이다).하나님의 선민이 영에 속한 성에 돌아올 때가 곧 그들에게 보장과 간증과 분별이 회복되는 때인 것이다.

3. 예루살렘 성벽이 이렇게 하나님의 선민의 부흥과 관계가 있는 것이기 때문에 원수인 사탄은 어떻게 하든지 그들이 성벽을 수리하지 못하도록 방해하였다. 사탄은 그의 하수인—산발랏, 도비야, 게셈, 내부의 간첩, 거짓 신언자 등—의 배후에 숨어서 그들을 앞세워 다시 그 성벽 건축의 역사를 방해하고, 파괴하고, 공격했던 것이다. 많은 경우 우리가 어려움을 만났을 때에 우리는 항상 사람과 그 일을 기도의 대상으로 삼고, 사람과 그 일 배후의 진짜 대적은 잊어버린다.

4. 하나님께서 부흥을 가져올 때에 우리는 하나님의 선민이 분량대로 협력하여 전심으로 성을 건축한 것을 본다(4:6). 또한 원수가 공격해 올 때에 그들은 한 덩어리가 되어서 반은 일을 하고, 반은 무기를 가지고 방어하며 순간순간 깨어 있었고, 밤에도 옷을 벗지 않았다. 심지어 귀족들과 관리들도 평일에 압박과 괴롭히는 형제의 악행을 철저하게 처리하고 성을 건축하는 일에 있어서 최선을 다하였다. 가장 중요한 것은, 그들이 하나님의 말씀을 들었을 때 함께 굵은 베옷을 입고 먼지를 뒤집어쓰고 금식 기도하였고, 하나님 앞에 죄들을 자백하고 통회하며 그들의 죄들을 처리했다. 매

번의 하나님의 부흥 가운데는 반드시 이와 같은, 혹은 이와 유사한 현상이 있다.

5. 느헤미야는 하나님께서 일으키신 그릇이었다. 그를 통하여 하나님의 선민의 한 번의 마지막 대부흥을 가져왔다. 하나님께서 그를 선택하셨고 그를 중용하셨던 것은 결코 우연한 일이 아니며 원인이 있다.
   (1) 그는 하나님께서 주신 시험을 감당한 사람이다. 원래 그는 '왕의 술 관원' 인 대신으로서(1: 11) 항상 왕의 궁전에서 거하였다. 이러한 환경은 얼마나 쉽게 하나님을 잊어버리고 고통을 잃어버리게 하는가? 얼마나 쉽게 자기의 안락만을 돌보고 하나님의 백성의 고통을 돌아보지 않게 되는가? 그러나 그는 근본적으로 높은 지위와 풍족한 생활에 빠지지 않고 마음을 다해 하나님을 향했고 전일하게 하나님의 일을 생각하였다.
   이러한 시험은 환난과 박해보다도 더 무섭고 더욱 이겨내기 어려운 것이다. 사람은 자주 환난은 이겨내지만 순조로운 환경은 이겨내지 못하고, 빈곤은 이겨내면서 부귀는 이겨내지 못한다. 하나님은 이러한 강렬한 시험을 일찍이 요셉과 모세, 다니엘과 그의 세 친구에게 더하셨고 그다음에야 비로소 그들을 크게 사용하셨다.
   (2) 그는 하나님의 일만을 생각하는 사람이었다. 그가 하나니로부터 거룩한 성과 하나님의 선민의 상황을 들었을 때, 그는 '앉아서 울고 수일 동안 슬퍼하며 하늘의 하나님 앞에 금식하며 기도하였다.' (1:2–4) 또한 그는 생명의 위험을 무릅쓰고 얼굴에 근심을 띠고 왕을 보러 갔다(2:1–2). 그는 차라리 자기의 높은 지위를 내려놓고 예루살렘에 가서 형제들과 함께 고통받기를 원했다.(5절)
   그가 하나님의 일만을 생각한 것은 바로 하나님의 이해, 이익과

손실, 사업, 목적, 관심 등을 그 자신의 것으로 간주했다는 것이다. 그는 결코 조금도 비관하거나 고집을 내세우거나 오만하지 않고, 어떤 환경에 처해도 하나님을 앙망하고 그분 앞에서 길을 찾았다.

(3) 그는 죄와 타협하지 않는 사람이었다. 그는 귀족들과 관리들의 죄를 용납하지 않고 결연히 산발랏과 도비야 등에게 저항했다. 그는 그 자신의 죄와 그 아버지의 집의 죄까지도 자백했다(1:6). 그는 철저하게 제사장과 백성들 사이의 죄를 처리했다. 그는 하나님처럼 죄를 미워하는 성격을 가졌다.

(4) 이 밖에도 그는 또한 많은 특징이 있다. 그는 안팎의 원수 앞에서 두려워하거나 위축되지 않는 사람이었다. 또한 혹독한 고통도 인내해 내는 사람이었고 친히 일하는 사람이었다(4:23). 그는 또한 지혜와 재능이 풍부한 사람이었다.

(5) 그러나 가장 중요한 한 가지는 그가 기도하는 사람이었다는 것이다. 이 책의 시작이 기도이고 끝도 또한 기도이고 중간 부분도 기도로 충만하다. 적어도 열한 번의 기도가 있다(1:5-11, 2:4, 4:4, 9, 5:19, 6:9, 14, 13:14, 22, 29, 31절). 그는 밤낮으로 기도하는 사람이었다(1:6). 그는 기도에 숙련된 사람이었으며 오로지 기도로 곤란을 해결하였고 또한 원수를 이겼다.

1장의 기도는 하나의 모범적인 기도이다. 그는 '울고, 슬퍼하며, 금식하였다.' (1:4) 이것은 하나의 간절한 기도이다. 하나님의 선민이 당한 고통으로 인하여 상심하고 눈물을 흘리고 음식도 먹을 수 없었다. "하늘의 하나님 여호와 크고 두려우신 하나님이여 주를 사랑하고 주의 계명을 지키는 자에게 언약을 지키시며 긍휼을 베푸시는 주여 간구하나이다."(1:5) 이것은 하나님을 아는 기도로서 그는 그가 기도하는 분이 언약을 지키시며 긍휼을 베푸시는 하나님이심을 보았다. '주야로 기도하오며' (6상)는 하나의 인내의 기도이다. 대적은 밤낮으로 하나님 앞에서 참소하기 때문에 성도들도 마땅히 밤낮으로 기도해야 한다. "우리 이스라엘 자손이 주께 범죄한 죄들을 자복하오니 주는 귀를 기울이시며 눈을 여시사 종의 기도를 들으시옵소서 나와 내 아버지의 집이 범죄하여 주를 향하여 크게 악을 행하여 주께서 주의 종 모세에게 명령하신 계명과 율례와 규례를 지키지 아니하였나이다."(1:6하-7) 이 기도는 죄들을 자백하는 기도이다. 그는 하늘과 사람을 원망하지 않고 오직 자신에게서 이스라엘 백성이 환난을 만난 원인을 찾았던 것이다. "옛적에 주께서 주의 종 모세에게 명령하여 이르시되 … "(1:8). 이 기도는 믿음이 있는 기도로서 하나님의 말씀을 꼭 붙잡고 놓지 않음으로 그분께서 듣지 않으실 수 없게 된다.

6. 이 책의 7장 62절에서 그 종족 계보를 명확히 밝히지 않는 도비야는 2장 10절의 그 노예인 암몬 사람 도비야가 아니다.

7. "사로잡혔다가 돌아온 회중이 다 초막을 짓고 그 안에서 거하니 눈의 아들 여호수아 때로부터 그 날까지 이스라엘 자손이 이같이 행한 일이 없었으므로 이에 크게 기뻐하며"(8:17) 이것은 결코 이스라엘 자손이 가나안 땅으로 들어온 이후에 지금까지 초막절을 지키지 않았다는 것을 말하고 있는 것이 아니다. 왜냐하면 솔로몬 재위 기간과 에스라 시대에 그들은 모두 절기를 지켰고 특별히 제사 드리는 것을 중시했기 때문이다(대하 8:13, 스 3:4). 그러나 백성은 확실히 여호수아의 시기 이후부터 결코 장막 안에 거하지 않았다.

8. 이 책 1장 1절의 기슬르월은 양력 12월과 같고, 2장 1절의 니산월은 4월과 같다. 또한 6장 15절의 엘룸월은 9월과 같다. 또한 성경의 아빕월(출 13:4)은 4월과 같고 시브월(왕상 6:1)은 5월과 같다. 불월은 11월과 같다(왕상 6:38). 에다님월(왕상 8:2)은 10월과 같다. 아다월(스 6:15)은 3월과 같다. 태벳월(에 2:16)은 1월과 같고, 시완월(에 8:9)은 6월과 같고 스밧월(슥 1:7)은 2월과 같다.

V. 핵심 단어, 핵심 구절

1. 핵심 단어 : ⑴ '기도' (1:4), ⑵ '성을 건축하여' (4:6)

2. 핵심 구절
   ⑴ "만일 내게로 돌아와 내 계명을 지켜 행하면 너희 쫓긴 자가 하늘 끝에 있을지라도 내가 거기서부터 그들을 모아 내 이름을 두려고 택한 곳에 돌아오게 하리라 하신 말씀을 이제 청하건대 기억하옵소서 이들은 주께서 일찍이 큰 권능과 강한 손으로 구속하신 주의 종들이요 주의 백성이니이다"(1:9–10)
   ⑵ "또 그들에게 하나님의 선한 손이 나를 도우신 일과 왕이 내게 이른 말씀을 전하였더니 그들의 말이 일어나 건축하자 하고 모두 힘을 내어 이 선한 일을 하려 하매"(2:18)

VI. 메시지

기도와 고통을 견딤과 인내는 하나님의 일을 성취시키는 비결이다.

Ⅶ. 분석

이 책은 내용상 7단락으로 크게 나누어진다. 귀환의 과정, 곤경 중에 성벽을 건축함, 계보를 조사함, 엄숙한 회의, 제사장의 계보를 조사함, 성곽의 봉헌식, 정돈과 회복 등으로 나누어진다.

1. 귀환의 과정(1–2:16)

(1) 느헤미야가 형제의 보고를 청취함(1:1–3).

(2) 금식 기도함(1:4–11).

(3) 왕의 조서를 받고 귀환함(2:1–16).

2. 곤경 중에 성벽을 건축함(2:17–7:4)

(1) 백성을 격려하여 성벽을 재건함(2:17–20).

(2) 성벽 건축의 역사와 성벽 건축의 사람(3장).

(3) 거듭되는 곤경(4–6장).

1) 대적으로부터 온 것 : ① 근심(2:10), ② 비웃음(2:19), ③ 분노함(4:1), ④ 요란하게 함(4:8), ⑤ 해하려 함(6:2), ⑥ 무고함(6:6).

2) 형제들로부터 온 것 : ① 협박(6:10–19), ② 이기심과 착취함(5장).

(4) 각종 곤경에 대하여 느헤미야는 항상 하나님 앞에 돌아가서 기도로 처리했다.

(5) 성벽이 52일 만에 완공됨(6:15). 하나니와 영문의 관원 하나냐로 관리하도록 함(7:1–4).

3. 계보를 조사함(7:5–73)

(1) 백성의 계보(7:5–38).

(2) 제사장의 계보(7:39-42).

(3) 레위인의 계보(7:43-45).

(4) 느디님의 계보(7:46-56).

(5) 솔로몬의 신복의 계보(7:57-60).

(6) 계보가 분명하지 않은 제사장(7:61-65).

(7) 회중의 합계(7:66-69).

(8) 그들의 드림(7:70-73).

4. 엄숙한 회의(8—11장)

(1) 율법 책을 선포하며 읽음(8:1-12).

(2) 초막절을 지킴(8:13-18).

(3) 백성들이 금식하고 회개함(9:1-4).

(4) 제사장과 레위인이 죄를 자백하고 언약을 세움(9:5-38).

(5) 함께 언약에 서명한 사람들(10:1-27).

(6) 하나님의 율법을 준행할 것을 맹세함(10:28-31).

(7) 성전을 위해 드리는 규례를 정함(10:32-39).

(8) 예루살렘에 거하는 사람과 기타 다른 성읍에 거하는 사람을 정함(11장).

5. 제사장의 계보를 조사함(12:1-26)

(1) 스룹바벨과 함께 온 제사장과 레위인(12:1-9).

(2) 제사장의 자손들(12:10-21).

(3) 주요한 레위인들(12:22-26).

6. 성벽의 봉헌식(12:27-47)

(1) 웅장한 예식(12:27-43).

⑵ 사람을 세워 창고를 맡김(12:44-47).

7. 정돈과 회복(13장)

⑴ 율법 책을 낭독함(13:1-3).

⑵ 성전을 정결하게 함(13:4-9).

⑶ 십일조를 회복함(13:10-14).

⑷ 안식일을 지키는 것을 회복함(13:15-22).

⑸ 이방인과 결혼하는 것을 엄히 금지함(13:23-31).

제17장

에스더

Ⅰ. 개략

1. 성경에서 에스라, 느헤미야, 에스더 3권은 포로 됨 이후의 역사서이다. 앞의 두 권은 하나님의 자녀의 유다 땅에서의 역사를 기록하였고, 이 책은 하나님의 자녀의 이방 땅에서의 역사를 기록하고 있다. 앞의 두 권에서는 하나님께서 귀환한 유민들을 어떻게 돌보시었는지를 말하고, 이 책에서는 하나님께서 이방 각지에 흩어져버린 유민들을 어떻게 보호하셨는지를 말한다.

2. 이 책의 저자가 누구인지 성경 해석가들의 이에 대한 의견은 각각 다르다. 어떤 이는 에스라가 썼다고 하고 어떤 이는 느헤미야가 썼다고 한다. 그러나 9장 20절에서는 '모르드개가 이 일을 기록하고' 라고 말한다. 그리고 23절에서는 "유다인이 자기들이 이미 시작한 대로 또한 모르드개가 보낸 글대로 계속하여 행하였으니"라고 하였는데 이 말씀에서 보면 이 책은 아마도 모르드개가 썼을 것이다.

Ⅱ. 시간

이 책의 내용에 포함된 시간은 약 12년으로 주전 486년부터 주전 474년까지이다.

Ⅲ. 이 책이 성경에 포함되어야 하는지의 여부

1. 어떤 성경 연구가들은 에스더서를 성경에 포함시켜야 하는지 포함시키지 않아야 하는지에 관한 문제를 가지고 있었다. 그 이유는,
   (1) 이 책 중에서 한 번도 하나님을 언급하지 않았고, 왕이나 아하수에로만을 200여 번이나 언급했기 때문이다.
   (2) 이 책에는 단지 포로 된 몇 사람의 일상적인 이야기를 기록하고 있어서, 에스라서나 느헤미야서처럼 유다 땅의 정통 역사로서 직접적으로 열왕기와 역대기 다음에 연결된 것이 아니기 때문이다.
   (3) 이 책에는 어떤 영적인 교훈도 없기 때문이다.

2. 사실이 우리에게 알려 주는 것은, 이 책은 교회의 역대 성경 연구가들이 공통으로 인정한 성경의 한 권이고 또한 유대인에게 이 책은 모세 오경 다음으로 중시되었다는 것이다.

3. 하나님을 직접 언급하지 않은 것은 사실이다. 더욱이 어떤 곳에서는 본래 하나님을 언급했어야 하는데, 이 책에서는 고의로 하나님을 언급하는 것을 피했다. 이것은 바로 이 책의 장점이지 단점이 아니다. 왜냐하면 우리의 육체의 눈으로는 이 책의 문장에서 확실히 하나님을 찾아낼 수 없지만, 그러나 우리의 믿음의 눈으로는 이 책에 기록된 사건마다 하나님께서 계

심을 볼 수 있다. 바로 하나님을 아는 어떤 형제가 "만일 하나님의 이름이 그 책 가운데 없으면 그분의 손길은 반드시 책 가운데 있다."라고 말한 것과 같다.

4. 이 책의 정확성은 이 사실로 인정될 수 있다. 즉 유대인들은 지금까지 부림절을 지키고 있다는 것이다. 이 책은 바로 부림절의 내력을 말하며 하나님께서 어떻게 가장 위험한 그때에 기묘한 구원을 베푸시어 그분을 의뢰하고 앙망하던 백성들을 구원하셨는지를 말한다.

5. 우리가 위에서 언급한 각 답을 이해한 이후에, 조금도 선입견이 없이 이 기묘한 책을 대하고 발굴하려고 한다면 우리는 반드시 수많은 보배로운 빛과 교훈을 얻게 될 것이다.

Ⅳ. 주의할 곳

1. 이 책에서는 비록 하나님의 이름을 한 번도 언급하지 않지만 곳곳에 하나님께서 일하신 것을 기록하고 있다. 지극히 일상적인 일들에서도 우리는 그분의 일을 볼 수 있다. 예를 들면 6장 1절에서 아하수에로 왕이 그 밤에 잠이 오지 않은 일을 기록하고 있다. 겉으로는 매우 하찮은 일이고 전혀 언급할 가치가 없는 것이지만, 이 일은 하나님에게서 나온 것으로서 그 결과 하만이 모르드개를 암살하려는 음모를 막았다.

2. 선을 행하는 사람과 악을 행하는 사람의 결국은 분명한 것이다. 전자는 일시적으로 곤경에 처할 수 있지만 믿음의 시련을 통과한 후에 반드시 축복을 얻게 된다. 후자는 일시적으로 흥왕할 수 있지만 그러나

결코 오래 지속될 수는 없고 반드시 멸망하게 된다.

3. 이 책의 많은 일의 배후에서 우리는 하나님을 만날 수 있다. 또한 수많은 일의 배후에서 우리는 사탄도 만날 수 있다. 3장 1절에서 아하수에로 왕이 하만의 지위를 높인 것은 평범한 기록 같지만, 그러나 이것은 분명히 사탄에게서 나왔고 하나님의 자녀를 살해하려는 도구를 배치하기 시작한 것이다.

4. '악한 사람 하만' 은 아말렉 사람의 아각족이었다. 아말렉 사람은 하나님에 의해 저주를 받았고, 하나님은 그들의 이름을 없이하여 천하에서 기억도 못 하게 하리라고 하셨다(출 17:14). 하만의 조상은 아마도 사무엘에 의해서 목 베임을 당한 아각 왕이었을 것이다. 사울이 하나님의 뜻대로 아말렉 사람을 다 없애지 않았기 때문에 그 결과로 후에 그 자신이 아말렉 사람의 손에 의해 죽게 되었다(삼상 15:3, 9, 33, 삼하 1:8-10). 하나님의 선민 모르드개는 포로로 있었지만, 여전히 하나님에 의해 저주를 받은 사람에게 굴복하려고 하지 않았다. 이 이유 때문에 하만은 심히 노했고 모르드개와 그 동족을 죽일 것을 결심하게 되었다. 그 일의 시작은 매우 순조로운 것 같았다. 그는 왕 앞에 나가서 참소하여 왕의 동의를 얻었다. 그는 매우 신속하게 유대인을 죽이라는 명령을 역졸들에게 맡겨 각 지방으로 보내어 전했고, 또한 모르드개를 죽이기 위해서 나무틀을 마련해 놓았다. 아달월 13일이 되기만 하면 그의 원함이 이루어질 수 있었다(에 3:13). 그러나 그때가 되자 하나님께서 그분의 손을 펴시어 기묘한 구원을 실행하심으로 하만의 모든 악한 음모가 오히려 그와 모든 유대인을 미워하는 사람들에게 실현되었다. 그는 '발로 가시채를 뒷발질하는 것' 이 얼마나 어려운지를 생각했을 것이다. 시편 37편 12절부터 20절까지는 "악인이 의인 치기를

꾀하고 그를 향하여 그의 이를 가는도다 그러나 주께서 그를 비웃으시리니 그의 날이 다가옴을 보심이로다 악인이 칼을 빼고 활을 당겨 가난하고 궁핍한 자를 엎드러뜨리며 행위가 정직한 자를 죽이고자 하나 그들의 칼은 오히려 그들의 양심을 찌르고 그들의 활은 부러지리로다 의인의 적은 소유가 악인의 풍부함보다 낫도다 악인의 팔은 부러지나 의인은 여호와께서 붙드시는도다 여호와께서 온전한 자의 날을 아시나니 그들의 기업은 영원하리로다 그들은 환난 때에 부끄러움을 당하지 아니하며 기근의 날에도 풍족할 것이나 악인들은 멸망하고 여호와의 원수들은 어린양의 기름 같이 타서 연기가 되어 없어지리로다"라고 말한다. 이것이 이 책 내용의 요점이다.

5. "모르드개가 그를 시켜 에스더에게 회답하되 너는 왕궁에 있으니 모든 유다인 중에 홀로 목숨을 건지리라 생각하지 말라 이때에 네가 만일 잠잠하여 말이 없으면 유다인은 다른 데로 말미암아 놓임과 구원을 얻으려니와 너와 네 아버지 집은 멸망하리라 네가 왕후의 자리를 얻은 것이 이때를 위함이 아닌지 누가 알겠느냐 하니"(4:13-14) 이 몇 마디의 말에서 모르드개는 하나님을 알고 그분의 마음의 뜻을 알고 또한 그분의 능력을 가지고 있는 사람임을 알 수 있다. 이 몇 마디의 말에서 또한 세 가지 영적인 원칙을 볼 수 있다.
   (1) 단지 자신의 안전만을 도모하고 형제를 돌아보지 않는 것은 하나님께서 미워하시는 바요 도리어 그 자신도 '반드시 멸망하리라'는 것이다.
   (2) 사람이 만일 하나님의 뜻의 출구가 되는 것을 거절하면 하나님의 뜻은 반드시 다른 출구를 찾아서 통행하시지만, 그는(거절한 사람은) 반드시 하나님 앞에서 도태된다는 것이다.

(3) 하나님께서 과거에 여러 가지 특별한 안배를 하신 것은 바로 그날(그분의 날, 그분이 정한 때)의 특별한 용도를 위한 것이다.

6. "당신은 가서 수산에 있는 유다인을 다 모으고 나를 위하여 금식하되 밤낮 삼 일을 먹지도 말고 마시지도 마소서 나도 나의 시녀와 더불어 이렇게 금식한 후에 규례를 어기고 왕에게 나아가리니 죽으면 죽으리이다 하니라" (4:16) 이 말씀은 에스더가 환경으로 인해서 하나님과 그분의 백성들을 잊어버리지 않고 하나님을 경외하며 하나님을 뜨겁게 사랑한 여자였음을 말한다. 여기서도 세 가지 영적인 원칙을 볼 수 있다.

(1) 하나님의 뜻을 준행하는 것은 자신의 혈기와 용기를 의지하는 것이 아니고, 금식 기도로써 위의 능력을 구하는 것임을 보여 준다.

(2) 하나님을 위한 연고로 어떤 때에는 또한 '규례를 어겨야' 한다—즉 상례(常例)의 제한을 받지 않고 자기의 득실을 돌보지 않아야 한다.

(3) 하나님의 뜻을 분명히 알고 또한 준행했을지라도 그 당시의 결과는 결코 순조로운(형통한) 것이 아닐 수 있다. 왜냐하면 거의 '죽으면 죽으리이다' (4:16)의 상황이거나, 혹은 '그렇게 하지 아니하실지라도' (단 3:18)의 상황일 것이다. 그러나 '죽으면' 혹은 '그렇게 하지 아니하실지라도' 는 하나님의 뜻 안에 있고 사탄의 뜻 가운데 있는 '살고' 혹은 '그렇게 되더라도' 의 상황보다 훨씬 나은 것이다.

7. " … 내 소청대로 내 생명을 내게 주시고 내 요구대로 내 민족을 내게 주소서 나와 내 민족이 팔려서 죽임과 도륙함과 진멸함을 당하게 되었나이다 … "(7:3-4) 이 몇 마디의 말씀이 하나님의 자녀들을 감동시켜서 만왕의 왕 앞에서 그들의 형제를 기억하기 원한다.

8. 모르드개가 왕을 구한 일도 역시 하나님에게서 나왔다(2:21-23). 우리는 하나님의 종인 에스라, 느헤미야, 모르드개, 에스더, 다니엘 등등 모두가 하나님의 권위에 순종했음을 볼 수 있다.

V. 핵심 단어, 핵심 구절

1. 핵심 단어 : 이 책에 두 개의 핵심 단어가 있다. 그러나 이 책에서는 한 번도 언급되지 않았다.
   (1) '하나님'
   (2) '기도'

2. 핵심 구절 : "이때에 네가 만일 잠잠하여 말이 없으면 유다인은 다른 데로 말미암아 놓임과 구원을 얻으려니와 너와 네 아버지 집은 멸망하리라 네가 왕후의 자리를 얻은 것이 이때를 위함이 아닌지 누가 알겠느냐 하니"(4:14)

VI. 메시지

하나님은 큰일에서나 작은 일에서나 드러내거나 또는 은밀하게 그분의 백성을 돌아보시고 보호하신다.

VII. 분석

이 책의 기록은 모두 각기 세 개의 다른 잔치를 둘러싸고 밀접한 관계를 발생시키고 있다. 그러므로 이 책은 세 개의 잔치를 근거로 하여 세

단원으로 나누어진다. 즉 아하수에로 왕의 잔치, 에스더의 잔치, 부림절의 잔치로 나누어진다.

1. 아하수에로 왕의 잔치(1-2장)

(1) 6개월 동안 지속된 잔치(1:1-4).

(2) 이어서 또 7일간의 잔치를 거행함(1:5-8).

(3) 왕후가 명을 거절하여 폐위됨(1:9-22).

(4) 에스더가 선택되어 왕후가 됨(2:1-20).

(5) 모르드개가 왕의 목숨을 구함(2:21-23).

2. 에스더의 잔치(3-7장)

(1) 모르드개가 하나님의 저주를 받아 사무엘에 의해 목 베임을 당한 아각 왕의 후손에게 무릎을 꿇고 절하는 것을 거절함(3:1-2).

(2) 하만의 분노와 음모(3:3-15).

(3) 유다인의 금식과 기도(4:1-3).

(4) 모르드개가 에스더에게 보낸 소식(4:4-14).

(5) 에스더의 금식과 기도와 결심(4:15-17).

(6) 에스더가 왕을 알현함(5:1-8).

(7) 하만이 모르드개를 모해하려고 계획함(5:9-14).

(8) 왕이 밤잠이 오지 않은 일과 그 결과(6장).

(9) 에스더의 잔치와 결과(7장).

3. 부림절의 잔치(8-10장)

(1) 하나님은 그분의 그릇인 모르드개와 에스더를 통해서 그분의 백성을 원수의 손에서 벗어나도록 구원하심(8장).

(2) 자신을 지킨 날(9:1-9).

(3) 부림절의 잔치를 세우고 하나님께서 그분의 백성이 포로 된 땅에 있을 때 행하신 구원을 기념하고 감사함(9:20-32). 이날 이후로 항상 유대인들이 이 절기를 지킴.

(4) 모르드개의 존귀와 영광(10장).

워치만 니
성경 개관 제1권
(창세기 — 에스더)

인쇄일/ 2010년 8월 27일
발행일/ 2010년 9월 20일
저자/ 워치만 니
역자/ 한국복음서원 번역부
발행인/ 이희득
발행처/ 한국복음서원
등록/ Ⓡ1978.3.6. 제 16-12호

주소/ 경기도 성남시 중원구 상대원1동 190-1
SKn테크노파크 비즈센터 1408호(462-721)
전화/ 031) 776-3388
팩스/ 031) 776-3389

ISBN/ 978-89-8478-926-5 04230
978-89-8478-917-3 (세트)

http://www.kgbr.co.kr
E-mail:kgbr@kgbr.co.kr

정가 8,500원